KB218855

소멸시효 완성채권 갚지 않아도 되는 돈 혼자서 해결하는 방법

대출금·카드대금 소멸시효 안 갚아도 되는 방법

편저 : 대한법률콘텐츠연구회

(콘텐츠 제공)

해설 · 최신서식 · 판례

법문북스

머 리 말

세상을 살다보면 돈을 빌릴 수도 있고 또 돈을 빌려줄 수도 있습니다. 돈을 빌려주고 제때 돌려받지 못하면 속이 상할 수도 있습니다. 또 돈을 빌리고 그 돈을 이미 갚았는데 받지 못했다며 돌려달라고 하는 분들도 있고 서로 복잡하게 얽히고설켜 쉽게 해결할 수 없는 경우도 많습니다.

돈을 빌려주고 되돌려 받으려면 소멸시효라는 것이 있습니다. 소멸시효는 권리자가 재산권을 행사를 할 수 있음에도 불구하고 일정기간 동안 그 권리를 행사하지 않는 경우 그 권리가 실효되어 청구권이 소멸됩니다.

소멸시효는 일반적으로 일정한 사실상태가 일정한 기간 계속되는 경우 그 상태가 진실한 관리관계와 부합하는지 여부를 묻지 않고 그 사실 상태를 존중하여 그에 대하여 권리의 취득 또는 권리의 소멸이라는 법률효과를 부여하는 법률요건이라고 할 수 있습니다.

흔히 문제가 될 수 있는 보험금청구권의 소멸시효는 보험사고가 발생한 때로부터 진행한다고 해석하는 것이 상당합니다. 보험사고가 발생한 것인지의 여부가 객관적으로 분명하지 아니하여 보험금청구권자가 과실 없이 보험사고의 발생을 알 수 없었던 경우에도 보험사고가 발생한 때로부터 보험금청구권의 소멸시효가 진행한다고 해석하는 것은 보험금청구권 자에게 너무 가혹하여 사회정의와 형평의 이념에 반할 뿐 아니라 소멸시효제도의 존재이유에 부합된다고 볼 수 없으므로 이와 같이 객관적으로 보아 보험사고가 발생한 사실을 확인할 수 없는 사정이 있는 경우에는 보험금청구권자가 보험사고의 발생을 알았거나 알 수 있었던 때로부터 보험금청구권의 소멸시효가 진행한다고 해석하는 것이 타당하다고 설시하고 있습니다.

한편 주요 쟁점 중 하나는 보험금청구권의 소멸시효의 기산점에 관한 것입니다. 단체보험의 피보험자가 사망하여 재해사망보험금을 청구하려는 상속인 입장에서는 일반적인 개인보험보다 보험계약의 존재와 보험계약 내용을 파악하여 보험금청구요건 해당 여부를 확인하는 데에 어려움을 겪을 수 있습니다.

재해사망보험금을 청구하려는 상속인은 사망 사실뿐 아니라 약관상 면책의 예외 사유에 해당한다는 점까지 소명할 수 있는 자료를 갖추기 어려운 경우가 일반적일 것이기 때문에 쉽게 보험금 청구에 나서기 어려운 측면이 있습니다.

또한 '망인이 사망하였을 당시에는 면책의 예외 사유에 해당하는 보험사고가 발생하였는지 여부가 객관적으로 분명하지 아니하여 보험금청구권자가 이를 알 수 있거나 그 소명자료를 갖추기 어렵다고 볼 사정들이 존재합니다. 망인의 자살 당시 보험계약의 존재와 구체적인 내용을 파악할 수 없거나 상당히 곤란하였을 여지도 있습니다.

그래서 소멸시효는 권리자가 자신의 권리를 행사할 수 있음에도 불구하고 일정기간동안 권리를 행사하지 않은 경우 그의 권리를 소멸시켜버리는 제도라고 하는 것입니다. 이러한 소멸시효 제도를 인정하는 것은 오랜 기간 동안 자신의 권리를 행사하지 않음으로써 '권리 위에 잠자고 있던 자는 법률의 보호를 받을 가치가 없다'는 관점과 일정한 사실 상태가 장기간 계속되면 진실한 법률관계에 의한 것이라는 개연성이 상당히 높다는 점을 고려한 것입니다.

소멸시효를 둔 것은 오랫동안 계속된 사실 상태를 그대로 유지하는 것이 그 위에 구축된 사회질서를 보호하기 위해 필요하다고 봅니다. 일정한 사실상태가 오랫동안 계속되면 이를 기초로 다수의 새로운 법률관계가 맺어집니다. 그런데 그 사실상태가 정당하지 못하다고 하여 이를 부인한다면 그 사실 상태를 기초로 맺어진 법률관계가 모두 뒤집어집니다. 거래의 안전이 위협되고 사회질서가 흔들리게 됩니다.

그러므로 일정한 기간 동안 계속된 사실관계를 권리관계로 인정하여야 사회질서가 안정되고 제3자의 신뢰를 보호할 수 있게 된다는 것입니다. 사실상태가 오래 계속되면 그 동안에 진정한 권리관계에 관한 증거가 없어지기 쉽습니다.

문제는 오랜 세월이 흐르는 동안에 증서가 흩어져 없어지고, 증인은 사망하거나 그 기억이 희미해집니다. 따라서 당사자 사이의 소송에서 남아 있는 증거만으로 진상을 파악하는 것이 매우 힘들게 됩니다. 또한 어떤 사실상태가 오래 계속되었다는 사실 자체가 그것이 상당한 권리관계에 의해 유지되어 왔다는 개연성이 있다는 증거라고 할 수도 있습니다.

그러므로 계속된 사실 상태를 권리관계로 인정하여 당사자의 입증 곤란을 구제할 수 있습니다. 장기간 권리를 행사하지 않으면 의무자도 의무의 존재를 잊어버리게 되고, 그 시점에서 돌연 권리를 행사하면 의무자에게 불의타(불의의 타격, 급습을 뜻합니다)가 됩니다.

채권자에게도 신의칙상 그 권리의 행사가 불의타(불의의 타격, 급습을 뜻합니다)가 되지 않도록 적시에 권리를 행사할 의무가 있습니다. 따라서 적시에 권리를 행사하지 않은 권리자에 대한 제재로서 권리를 박탈하는 것이 정당화 될 수 있습니다. 즉 "권리 위에 잠자는 자는 보호하지 않는다."는 법언이 시효의 근거로서 원용될 수 있습니다. 이것이 바로 소멸시효 제도의 주된 근거라고 할 수 있습니다. 하지만 과연 타당한 근거인지는 의문입니다. 정의의 관념에 부합하지 않기 때문입니다. 더욱이 과학 기술의 현저한 발달로 시대는 많이 변했는데 구태의연한 논리라고 할 수도 있습니다.

소멸시효로 권리가 소멸하려면 그 권리가 소멸시효의 목적이 될 수 있는 것이어야 하고, 권리자가 권리를 행사할 수 있음에도 불구하고 행사하지 않아야 하며, 권리불행사의 상태가 일정한 기간 계속되어야 합니다.

소멸시효는 객관적으로 권리가 발생하여 그 권리를 행사할 수 있는 때로부터 진행하고 그 권리를 행사할 수 없는 동안만은 진행하지 않는데, '권리를 행사할 수 없는' 경우는 그 권리행사에 법률상의 장애사유, 예컨대 기간의 미 도래나 조건 불 성취 등이 있는 경우를 말하는 것이고, 사실상 권리의 존재나 권리행사 가능성을 알지 못하였고 알지 못함에 과실이 없다고 하여도 이러한 사유는 법률상 장애사유에 해당하지 않습니다. 소멸시효 진행 중 채권자가 청구를 하여 권리를 행사하거나, 채무자가 채무의 존재를 승인하거나, 압류 또는 가압류·가처분이 있는 경우에는 시효가 중단됩니다.

채권 및 소유권 이외의 재산권은 민법 제162조에 의하여 20년, 채권은 민법 제162조에 의하여 10년, 판결, 파산절차, 재판상 화해, 조정 기타 판결과 동일한 효력이 있는 것에 의하여 확정된 채권은 민법 제165조에 의하여 10년, 상행위로 인한 채권은 상법 제64조에 의하여 5년, 이자, 부양료, 급료, 사용료 기타 1년 이내의 기간으로 정한 금전 또는 물건의 지급을 목적으로 한 채권, 의사, 조산사, 간호사 및 약사의 치료, 근로 및 조제에 관한 채권, 도급받은 자, 기사 기타 공사의 설계 또는 감독에 종사하는 자의 공사에 관한 채권, 변호사, 변리사, 공증인, 공인회계사 및 법무사에 대한 직무상 보관한 서류의 반환을 청구하는 채권, 변호사, 변리사, 공증인, 공인회계사 및 법무사의 직무에 관한 채권, 생산자 및 상인이 판매한 생산물 및 상품의대가, 수공업자 및 제조자의 업무에 관한 채권은 민법 제163조에 의하여 3년, 여관, 음식점, 대석, 오락장의 숙박료, 음식료, 대석 료, 입장료, 소비물의 대가 및 체당금의 채권, 의복, 침구, 장구 기타 동산의 사용료의 채권, 노역인, 연예인의 임금 및 그에 공급한 물건의 대금채권, 학생 및 수업자의 교육, 의식 및 유숙에 관한 교주, 숙주, 교사의 채권은 민법 제164조에 의하면 1년입니다.

실무에서 주로 채권추심 자가 지급명령절차 등의 소송절차를 이용하여 소멸시효 완성 채권에 대한 추심을 할 수 있는 가장 근본적인 이유는 현행법상 소멸시효 완성의 효과에 관한 학설 및 판례의 태도 때문입니다.

즉 변론주의에 입각하여 당사자의 주장에 따라 민사소송에서 법원이 소멸시효 완성의 효과를 판단하게 되므로 시효의 완성으로 권리가 당연히 소멸되는 것이 아니라 채무자가 소멸시효의 완성을 항변으로 주장하여야 그 효과를 누릴 수 있다고 보기 때문입니다.

한편, 2006년 11월 전자독촉시스템의 도입으로 인하여 독촉절차(지급명령)가 간편해져서, 대부업체들이 소멸시효 완성채권을 대량으로 헐값에 양수받아 지급명령을 신청하는 것이 가능해졌다는 점도 그 이유가 되겠습니다. 채권추심회사의 경우 1차적으로 재산조사 · 증거확보 · 임의회수 등의 방법과, 2차적으로 가압류 · 소송 · 지급명령 · 강제집행 등 법적절차에 의한 방법으로 추심을 하고 있습니다. 재산조사는 직접조사와 신용조사기관 의뢰를 통한 조사의 방법을 사용하며, 증거가 불충분한 계약의 경우 이를 보완하기 위하여 채무자로부터 변제각서 또는 잔액확인서를 받거나, 대금지급 약속 등을 녹취하거나, 채무에 대한 일부상환을 받음으로써 유효한 채무로서의 증거를 확보하고 있습니다.

이러한 증거의 확보 과정에서 불공정한 채권추심행위가 시작되는 경우가 많은데, 소멸시효 완성채권을 추심하는 때에도 채무자의 소멸시효이익의 포기를 유도함으로써 불공정한 채권추심행위를 하는 것입니다. 소멸시효이익의 포기에 관하여 민법 제184조 제1항은 "소멸시효의 이익은 미리 포기하지 못한다." 고 규정하고 있습니다. 이 조항의 반대해석상 소멸시효가 완성한 후에 시효이익을 포기하는 것은 유효합니다. 이러한 포기가 유효하려면 포기하는 자가 시효완성의 사실을 알고서 한 것이어야 합니다. 소멸시효기간이 5년이 지났어도 채권 기관은 법원에 채권자의 지위를 회복하기 위한 지급명령을 신청할 수 있습니다. 법원은 지급명령 신청이 들어오면 채무자에게 해당 내용을 통보합니다. 채무자가 통보를 받고 2주일(14일) 안에 이의신청을 하지 않으면 소멸시효가 자동으로 10년

연장됩니다.

실제로 대법원에 따르면 우편 통지된 지급명령에 대한 이의신청을 한 비율은 작년 기준 20% 정도에 불과하다고 밝히고 있습니다. 5명 중 4명은 소멸시효가 완성되어 청구권이 소멸되었기 때문에 추심에서 벗어날 수 있는 상황임에도 불구하고 제때 대응을 하지 못해 다시 채무자의 지위로 돌아가는 것입니다.

한 추심 전문 대부업체는 소멸시효가 끝난 채권을 매입하면 전부 법원에 지급명령 신청을 넣고 이의 제기가 들어오지 않은 건에 대한 추심 작업을 벌여 수익을 내는 것이라 말하고 있습니다.

지급명령은 서면심리만으로 각하사유만 없으면 곧바로 채무자에의 이행명령으로 지급명령을 발하기 때문에 채무자는 지급명령이 송달된 날부터 2주일(14일) 이내에 이의신청을 할 수 있습니다. 지급명령에 대하여 이의신청을 하지 않으면 이미 소멸시효가 완성되어 채무자가 갚지 않아도 되는 대출금이나 카드대금은 확정되고 강제집행을 당할 수 있습니다.

요즘에는 채무자가 송달받은 지급명령 독촉절차 안내서와 함께 원인채권(예를 들어, 대여금, 공사대금, 물품대금, 매매대금, 약정금, 양수금 등)의 소멸시효 기간을 안내해 주고 있으므로, 꼼꼼히 살펴보고 채무자가 돈을 갚지 않아도 되는 돈이라면 바로 이의신청을 하여야 합니다.

채무자가 개인 사정으로 지급명령을 송달받았으나 2주일(14일) 이내에 이의신청을 하지 못해 지급명령이 확정된 경우, 지급명령에는 판결과 같은 기판력이 인정되지 아니하므로 지급명령 확정 전에 생긴 청구권의 불성립이나 소멸시효가 완성되어 청구권이 소멸되었거나 무효 등의 사유를 근거로 하여 청구이의의 소를 제기할 수 있습니다.

청구이의의 소를 통해 대부업체나 채권추심업체의 채권은 소멸시효가 완성되어 청구권이 소멸되었음을 다투어(항변이라고 합니다) 받아들여지게 되면 지급명령의 집행력이 배제돼 채무를 변제하지 않아도 됩니다. 다만, 대부업체나 채권추심업체가 이미 강제집행이 개시된 경우에는 청구이의의 소로는 집행을 정지시킬 수 없으므로 별도로 잠정처분으로 강제집행정지 신청을 하여야 합니다.

일반적으로 금융 채무는 기한의 이익 상실일(연체일)로부터 5년이 경과하면 소멸시효 완성됩니다.

채무와 관련하여 아래와 같은 사건이 발생한 경우, 사건이 종료된 때부터 소멸시효 다시 기산은 채무자가 채무를 일부 변제하였거나, 갚겠다는 각서, 확인서 등을 작성해 준 경우, 해당일로부터 5년이 경과하면 소멸시효 완성됩니다.

채무와 관련 법원의 경매, 압류(가압류)결정이 내려진 경우 법원의 결정일로부터 5년이 경과하면 소멸시효 완성됩니다. 채무와 관련 법원의 판결, 지급명령이 확정된 경우에는 확정일로부터 10년이 경과하면 소멸시효 완성되어 청구권이 소멸됩니다.

채무자로서는 법원으로부터 지급명령 특히 대부업체 등이 신청한 양수금 청구 지급명령의 경우 소멸시효가 완성되어 갚지 않아도 되는 것이라면 바로 이의신청을 하고 청구기각을 구하는 답변서를 제출하여 두는 것이 채무자에게 훨씬 유리합니다.

본서를 접한 모든 채무자들은 스스로 자기의 사건에 대하여 꼼꼼하게 확인하고 소멸시효가 완성된 채권이라면 반드시 이의신청를 하고 청구기각을 구하는 답변서를 제출하시면 돈을 갚지 않아도 되고 대부업체들의 추심에서 아루 아침에 벗어나실 수 있습니다.

감사합니다.

편저자 드림

차 례

본 문

최 신 서 식

제2장 소멸시효가 완성된 지급명령에 대한 청구기각 답변서 최신서식 57

관 련 판 례

본문

제1장 소멸시효 해결하는 방법

가. 일반적인 시효기간

시효는 일반적으로 일정한 사실상태가 일정한 기간 계속되는 경우 그 상태가 진실한 관리관계와 부합하는지 여부를 묻지 않고 그 사실 상태를 존중하여 그에 대하여 권리의 취득 또는 권리의 소멸이라는 법률효과를 부여하는 법률요건이라고 할 수 있습니다.

권리의 취득이라는 법률효과를 부여하는 법률요건을 '취득시효', 권리의 소멸이라는 법률효과를 부여하는 법률요건을 '소멸시효' 라고 합니다. 민법은 소멸시효와 취득시효가 그 요건과 효과에서는 공통점보다는 차이점이 많은 별개의 제도로 보는 것이 타당하기 때문에 민법총칙 제162조 이하에서 소멸시효에 관하여, 물권법 제245조 이하에서 취득시효에 관하여 규정하고 있습니다.

상법 제64조는 상행위로 인한 채권에 관하여 5년의 소멸시효 기간을 규정하고 있습니다. 여기의 상행위에는 당사자 쌍방에 대하여 모두 상행위가 되는 경우뿐만아니라 당사자 일방에 대하여만 상행위가 되는 경우도 포함됩니다. 또한 상법 제64조 각호에 해당하는 기본적 상행위뿐 아니라 상인이 영업을 위하여 하는 보조적 상행위도 포함됩니다.

예컨대 단체협약은 보조적 상행위이므로 단체협약에 기하여 근로자의 유족이 회사에 대해 가지는 위로금 채권은 5년의 상사소멸 시효기간이 적용됩니다. 그러나 보조적 상행위라고 하더라도 정형적이고 신속한 해결이 필요하지 않은 권리라면 상사소멸시효 기간이 적용되지 않을 수 있습니다. 근로계약은 상인이 그 영업을 위해하는 보조적 상행위이지만, 근로자의 근로계약상 주의의무 위반으로 회사가 가지는 손해배상청구권은 정형적이고 신속한 해결이 필요하지 않으므로 특별한 사정이 없는 한 5년의 상사소멸시효 기간이 아니라 10년의 민사소멸시효 기간이 적용됩니다.

나. 상법 제662조(소멸시효)

상법 제662조에서는 보험금의 청구권과 보험료반환청구권 및 생명보험에서 적립금의 반환청구권의 소멸시효 기간은 2년, 보험료청구권의 소멸시효 기간은 1년으로 각각 규정하고 있었습니다. 민법상 채권의 소멸시효 기간이 10년, 상사채권의 시효가 5년으로 규정되어있는 것에 비하여 훨씬 단축되어 있습니다.

이것은 기업거래의 법률관계를 신속히 매듭짓도록 하여야 한다는 일반 상거래에서의 요청과 같은 취지라고 할 수 있습니다. 보험사업의 재무상황의 명료성의 확보라는 보험감독정책상의 요청도 들어있습니다. 따라서 민법상 특정 종류의 채권에 관한 특별단기소멸시효와는 그 취지를 달리합니다.

다. 보험금청구권의 소멸시효 기산점

보험금청구권의 소멸시효 기간은 2년입니다.

청구권의 시효기간의 기산점에 관하여는 상법에 규정이 없으므로 민법 제166조 제1항에 의하여 권리를 행사할 수 있는 때로부터 진행하는가 하는 것이 문제되고 있습니다. 이에 대하여 대법원의 판례는 보험금청구권의 소멸시효 기간은 2년이고, 특별한 사정이 없는 한 보험사고가 발생할 때로부터 진행한다는 견해를 밝히고 있습니다.

그러나 보험사고의 발생의 여부가 객관적으로 분명하지 아니한 경우에는 보험금청구권자가 알았거나 알 수 있었던 때로부터 소멸시효가 진행한다고 판시하고 있습니다.

특별한 다른 사정이 없는 한 원칙적으로 보험금청구권의 소멸시효는 보험사고가 발생한 때로부터 진행한다고 해석하는 것이 상당하지만, 보험사고가 발생한 것인지의 여부가 객관적으로 분명하지 아니하여 보험금청구권자가 과실 없이 보험사고의 발생을 알 수 없었던 경우에도 보험사고가 발생한 때로부터 보험금청구권의 소멸시효가 진행한다고 해석하는 것은 보험금청구권 자에게 너무 가혹하여 사회정의와 형평의 이념에 반할 뿐 아니라 소멸시효제도의 존재이유에 부합된다고 볼 수 없으므로 이와 같이 객관적으로 보아 보험사고가 발생한 사실을 확인할 수없는 사정이 있는 경우에는 보험금청구권자가 보험사고의 발생을 알았거나 알 수 있었던 때로부터 보험금청구권의 소멸시효가 진행한다고 해석하는 것이 타당하다고 설시하고 있습니다.

주요 쟁점 중 하나는 보험금청구권의 소멸시효의 기산점에 관한 것입니다.

단체보험의 피보험자가 사망하여 재해사망보험금을 청구하려는 상속인 입장에서는 일반적인 개인보험보다 보험계약의 존재와 보험계약 내용을 파악하여 보험금청구요건 해당 여부를 확인하는 데에 어려움을 겪을 수 있습니다.

재해사망보험금을 청구하려는 상속인은 사망 사실뿐 아니라 약관상 면책의 예외 사유에 해당한다는 점까지 소명할 수 있는 자료를 갖추기 어려운 경우가 일반적일 것이기 때문에 쉽게 보험금 청구에 나서기 어려운 측면이 있습니다.

또한 '망인이 사망하였을 당시에는 면책의 예외 사유에 해당하는 보험사고가 발생하였는지 여부가 객관적으로 분명하지 아니하여 보험금청구권자가 이를 알 수 있거나 그 소명자료를 갖추기 어렵다고 볼 사정들이 존재합니다. 망인의 자살 당시 보험계약의 존재와 구체적인 내용을 파악할 수 없거나 상당히 곤란하였을 여지도 있습니다. '

소멸시효는 권리자가 자신의 권리를 행사할 수 있음에도 불구하고 일정기간동안 권리를 행사하지 않은 경우 그의 권리를 소멸시켜버리는 제도입니다. 이러한 소멸시효 제도를 인정하는 것은 오랜 기간 동안 자신의 권리를 행사하지 않음으로써 '권리 위에 잠자고 있던 자는 법률의 보호를 받을 가치가 없다' 는 관점과 일정한 사실 상태가 장기간 계속되면 진실한 법률관계에 의한 것이라는 개연성이 상당히 높다는 점을 고려한 것입니다.

라. 소멸시효와 권리남용

채무자의 소멸시효 완성의 주장도 민법상 신의칙과 권리남용 금지 원칙의 지배를 받습니다. 그러므로 신의칙에 반하거나 권리남용에 해당하는 소멸시효 완성의 주장은 허용되지 않는 것이 타당합니다.

대법원은 채무자의 소멸시효의 항변권 행사도 민법상 신의성실의 원칙과 권리남용 금지의 원칙의 지배를 받는다고 하면서, 소멸시효 완성의 주장이 권리 남용에 해당하는 경우를 유형화(특징에 따라 분류)하고 있습니다.

국가도 시효완성의 항변을 할 수 있다고 전제한 후, "다만 채무자인 국가가 시효완성 전에 채권자의 권리행사나 시효 중단을 불가능 또는 현저히 곤란하게 하거나, 그러한 조치가 불필요하다고 믿게 하는 행동을 하였거나, 객관적으로 채권자가 권리를 행사할 수 없는 장애사유가 있었거나, 또는 일단 시효완성 후에 채무자인 국가가 시효를 원용하지 아니할 것 같은 태도를 보여 권리자로 하여금 그와 같이 신뢰하게 하였거나, 채권자 보호의 필요성이 크고 같은 조건의 다른 채권자가 채무의 변제를 수령하는 등의 사정이 있어 채무이행의 거절을 인정함이 현저히 부당하거나 불공평하게 되는 등의 특별한 사정이 있는 경우에 한하여" 국가의 소멸시효 완성의 항변이 신의성실의 원칙에 반하여 권리남용으로서 허용될 수 없다고 판시했습니다.

제1절 소멸시효 제도의 존재 이유

가. 소멸시효 제도

오랫동안 계속된 사실 상태를 그대로 유지하는 것이 그 위에 구축된 사회질서를 보호하기 위해 필요하다고 봅니다. 일정한 사실상태가 오랫동안 계속되면 이를 기초로 다수의 새로운 법률관계가 맺어집니다. 그런데 그 사실상태가 정당하지 못하다고 하여 이를 부인한다면 그 사실 상태를 기초로 맺어진 법률관계가 모두 뒤집어집니다.

거래의 안전이 위협되고 사회질서가 흔들리게 됩니다.

그러므로 일정한 기간 동안 계속된 사실관계를 권리관계로 인정하여야 사회질서가 안정되고 제3자의 신뢰를 보호할 수 있게 된다는 것입니다. 사실상태가 오래 계속되면 그 동안에 진정한 권리관계에 관한 증거가 없어지기 쉽습니다.

오랜 세월이 흐르는 동안에 증서가 흩어져 없어지고, 증인은 사망하거나 그 기억이 희미해집니다. 따라서 당사자 사이의 소송에서 남아 있는 증거만으로 진상을 파악하는 것이 매우 힘들게 됩니다. 또한 어떤 사실상태가 오래 계속되었다는 사실 자체가 그것이 상당한 권리관계에 의해 유지되어 왔다는 개연성이 있다는 증거라고 할 수도 있습니다.

그러므로 계속된 사실 상태를 권리관계로 인정하여 당사자의 입증 곤란을 구제할 수 있습니다. 장기간 권리를 행사하지 않으면 의무자도 의무의 존재를 잊어버리게 되고, 그 시점에서 돌연 권리를 행사하면 의무자에게 불의타(불의의 타격, 급습을 뜻합니다)가 됩니다.

채권자에게도 신의칙상 그 권리의 행사가 불의타(불의의 타격, 급습을 뜻합니다)가 되지 않도록 적시에 권리를 행사할 의무가 있습니다. 따라서 적시에 권리를 행사하지 않은 권리자에 대한 제재로서 권리를 박탈하는 것이 정당화 될 수 있습니다. 즉 "권리 위에 잠자는 자는 보호하지 않는다." 는 법언이 시효의 근거로서 원용될 수 있습니다. 이것이 바로 소멸시효 제도의 주된 근거라고 할 수 있습니다. 하지만 과연 타당한 근거인지는 의문입니다.

정의의 관념에 부합하지 않기 때문입니다. 더욱이 과학 기술의 현저한 발달로 시대는 많이 변했는데 구태의연한 논리라고 할 수도 있습니다.

나. 소멸시효

민사사건에 소멸시효가 있다면 형사사건에는 공소시효 제도가 있습니다.

공소시효이건 소멸시효이건 간에 정의와 형평의 관념에 비추어 보면 어떠한 합리적 근거도 부족하다고 할 수 있습니다. 특히 그 기간의 장단에 대해서는 관습적인 이유에 의해 타당한 이유가 없으므로 더욱 그렇습니다. 순전히 편의상 인정된 제도라고 할 수 있습니다.

시효제도가 사실 상태에 대한 사회 일반 또는 제3자의 신뢰를 보호하기 위한 제도라고 할 수 없습니다. 사실 상태가 있으면 그에 부합하는 권리관계가 존재할 개연성은 있지만, 그러한 개연성만으로 무 권리자에게 권리를 주고 의무자의 의무를 면하게 하는 것은 타당하지 않습니다.

권리 위에 잠자는 자를 보호할 수 없다는 것은 어설픈 핑계에 불과한 것으로 입증 곤란의 구제라는 이유를 보강하는 구실을 할 뿐 시효제도 자체를 이러한 이유로 설명할 것은 아닙니다. 예외적으로 특히 소멸시효에서 특수한 이유로 조속히 처리해야할 필요가 있거나 조속히 처리하는 것이 타당한 채권이나 채무에 한하여 시효를 인정해야 할 것입니다.

소멸시효에서는 입증 곤란의 구제와 권리자가 더 이상 권리를 행사하지 않을 것으로 믿은 의무자의 신뢰를 보호하여야 한다는 이유는 정의와 권리자와 의무자간 형평의 관념에 비추어 봐도 타당한 이유가 될 수 없습니다. MZ세대가 활보하는 21세기 대명천지에 컴퓨터의 발달, DNA분석기법의 발전, AI시대에 증거의 보존과 증거의 발견은 더 이상 문제 될 수 없습니다.

하지만 오랜 관습에 의해 유지되어온 이 소멸제도를 어느 날 갑자기 폐지할 수 없다면 소멸시효의 기간에 대해서 검토해보아야 할 것입니다.

소멸시효 제도는 공법상 권리에도 적용되고 사법상 권리에도 공통적으로 적용된다고 볼 수 있습니다. 공소시효는 범죄행위가 종료한 후에 공소제기가 없이 일정한 기간이 경과되면 그 법적 행위에 대해 국가의 형사 소추권을 소멸시키는 제도를 말합니다.

다. 공소시효

공소시효는 일정한 기간이 경과되면 국가의 형사 소추권을 소멸시키므로 시효가 완성된 때에는 면소판결을 해야 한다는 점에서 형이 확정된 후에 일정한 기간 동안에 집행이 이루어지지 않은 경우에 국가형벌권을 소멸시키고 시효가 완성된 때에는 형의 집행을 면제시키는 형의 시효와 구별됩니다. 공소시효는 시간의 경과에 의한 범죄의 사회적 영향이 약화되어 가벌성이 소멸되었다는 주된 실체적 이유에서 일정한 기간의 경과로 국가가 형벌권을 포기함으로써 결과적으로 각 형벌권소멸과 공소권 소멸로 범죄인으로 하여금 소추와 처벌을 면하게 함으로써 형사 피의자의 법적지위의 안정을 법률로서 보장하는 제도입니다.

비록 절차법인 형사소송법에 규정되어 있으나 그 실질은 국가 형벌권의 소멸이라는 점에서 형의 시효와 마찬가지로 실체법적 성격을 가지고 있습니다. 하지만 사람을 살해한 범죄, 사형에 해당하는 범죄에 대해서는 기간의 경과와 관계없이 공소시효가 완성하지 않게 됩니다. '사람을 살해한 범죄'는 살인죄(형법 제250조 제1항) 뿐만 아니라 강도살인죄(형법 제338조) 등과 같이 살인이 포함된 범죄는 모두 이에 해당하고 '사형에 해당하는 범죄'는 법정형을 기준으로 사형이 선택적으로라도 규정되어 있는 범죄를 말합니다. 그리고 부칙에 따라 시행일인 2015. 7. 31. 이전에 범한 범죄로 아직 공소시효가 완성되지 않은 범죄도 포함됩니다.

라. 소멸시효 제도의 취지와 의의 시효

일정한 사실상태가 일정한 기간 동안 계속된 경우에 그 사실상태가 진실한 권리관계에 합치하는지 여부를 묻지 않고서 법률상 일정한 효과를 부여하는 제도입니다. 그 효과로는 권리가 소멸하는 소멸시효와 권리를 취득하는 취득시효의 두 가지가 있습니다. 소멸시효는 권리자가 자신의 권리를 행사할 수 있음에도 불구하고 일정한 기간 동안 이를 행사하지 않는 경우 그 권리를 소멸시키거나, 그 권리의 실현을 사실상 저지시키는 제도입니다. 헌법재판소는 소멸시효의 존재이유에 관하여 다음과 같이 설시하고 있습니다. "첫째, 일정한 사실상태가 오래 계속되면 그 동안에 진정한 권리관계에 대한 증거가 없어지기 쉬우므로 계속되어 온 사실상태를 진정한 권리관계로 인정함으로써 과거사실 증명의 곤란으로부터 채무자를 구제하고 분쟁의 적절한 해결을 도모하기 위한 것입니다. 이미 채무를 변제하였으나 시간이 지남에 따라 그 증명이 어렵게 된 채무자의 경우 소멸시효의 이러한 기능에 의하여 이중변제를 면하고 법적 보호를 받게 되므로 진정한 권리관계가 실현됩니다. 둘째, 오랜 기간 동안 자기의 권리를 주장하지 아니한 자는 이른바 권리 위에 잠자는 자로서 법률의 보호를 받을 만한 가치가 없으며 시효제도로 인한 희생도 감수할 수밖에 없는 것이지만, 반대로 장기간에 걸쳐 권리행사를 받지 아니한 채무자의 신뢰는 보호할 필요가 있습니다.

그러나 다른 한편 계속된 사실상태가 권리관계로 인정됨에 따라 진정한 권리관계가 실현되지 못하게 되는 측면도 있으므로 시효기간의 차등, 시효중단·정지 및 시효이익의 포기 등에 의하여 진정한 권리자와 의무자의 이익을 상호 조정합니다.

소멸시효제도는 이와 같이 진정한 권리관계의 실현과 지속된 사실관계의 인정이라는 양면적인 의의를 가지고 있고 각 필요성은 권리의 성질이나 내용 및 행사방법 등에 따라 다른 것이므로 소멸시효기간은 정책적으로 결정할 사항이라 할 것입니다. "소멸시효제도의 취지에 관하여, 권리자가 권리를 잃고 의무자가 의무를 면하는 점에서 사회질서의 안정이나 제3자의 신뢰와는 무관하고, 권리행사의 태만에 대한 제재를 위해서가 아니라 소멸시효제도의 사회적 정당화를 위해 일정기간 계속되는 권리자의 부작위는 적어도 손해로 되는 것으로 유인된 것입니다.

마. 소멸시효의 요건

시효로 권리가 소멸하려면 그 권리가 소멸시효의 목적이 될 수 있는 것이어야 하고, 권리자가 권리를 행사할 수 있음에도 불구하고 행사하지 않아야 하며, 권리불행사의 상태가 일정한 기간 계속되어야 합니다.

소멸시효는 객관적으로 권리가 발생하여 그 권리를 행사할 수 있는 때로부터 진행하고 그 권리를 행사할 수 없는 동안만은 진행하지 않는데, '권리를 행사할 수 없는' 경우는 그 권리행사에 법률상의 장애사유, 예컨대 기간의 미 도래나 조건 불 성취 등이 있는 경우를 말하는 것이고, 사실상 권리의 존재나 권리행사 가능성을 알지 못하였고 알지 못함에 과실이 없다고 하여도 이러한 사유는 법률상 장애사유에 해당하지 않습니다. 소멸시효 진행 중 채권자가 청구를 하여 권리를 행사하거나, 채무자가 채무의 존재를 승인하거나, 압류 또는 가압류·가처분이 있는 경우에는 시효가 중단됩니다.

바. 소멸시효의 기간

채권 및 소유권 이외의 재산권은 민법 제162조에 의하여 20년, 채권은 민법 제162조에 의하여 10년, 판결, 파산절차, 재판상 화해, 조정 기타 판결과 동일한 효력이 있는 것에 의하여 확정된 채권은 민법 제165조에 의하여 10년, 상행위로 인한 채권은 상법 제64조에 의하여 5년, 이자, 부양료, 급료, 사용료 기타 1년 이내의 기간으로 정한 금전 또는 물건의 지급을 목적으로 한 채권, 의사, 조산사, 간호사 및 약사의 치료, 근로 및 조제에 관한 채권, 도급받은 자, 기사 기타 공사의 설계 또는 감독에 종사하는 자의 공사에 관한 채권, 변호사, 변리사, 공증인, 공인회계사 및 법무사에 대한 직무상 보관한 서류의 반환을 청구하는 채권, 변호사, 변리사, 공증인, 공인회계사 및 법무사의 직무에 관한 채권, 생산자 및 상인이 판매한 생산물 및 상품의대가, 수공업자 및 제조자의 업무에 관한 채권은 민법 제163조에 의하여 3년, 여관, 음식점, 대석, 오락장의 숙박료, 음식료, 대석료, 입장료, 소비물의 대가 및 체당금의 채권, 의복, 침구, 장구 기타 동산의 사용료의 채권, 노역인, 연예인의 임금 및 그에 공급한 물건의 대금채권, 학생 및 수업자의 교육, 의식 및 유숙에 관한 교주, 숙주, 교사의 채권은 민법 제164조에 의하면 1년입니다.

사. 소멸시효 기간 표

근거	권리	기간
민법 제162조	채권 및 소유권 이외의 재산권	20년
민법 제162조	채권 판결, 파산절차, 재판상 화해, 조정 기타 판결과 동일한 효력이 있는 것에 의하여 확정된 채권	10년
상법 제64조	상행위로 인한 채권	5년
민법 제163조	1.이자, 부양료, 급료, 사용료 기타 1년 이내의 기간으로 정한 금전 또는 물건의 지급을 목적으로 한 채권 2.의사, 조산사, 간호사 및 약사의 치료, 근로 및 조제에 관한 채권 3.도급받은 자, 기사 기타 공사의 설계 또는감독에 종사하는 자의 공사에 관한 채권 4.변호사, 변리사, 공증인, 공인회계사 및 법무사에 대한 직무상 보관한 서류의 반환을 청구하는 채권 5.변호사, 변리사, 공증인, 공인회계사 및 법무사의 직무에 관한 채권 6.생산자 및 상인이 판매한 생산물 및 상품의대가 7.수공업자 및 제조자의 업무에 관한 채권	3년
민법 제164조	1.여관, 음식점, 대석, 오락장의 숙박료, 음식료, 대석료, 입장료, 소비물의 대가 및 체당금의 채권 2.의복, 침구, 장구 기타 동산의 사용료의 채권 3.노역인, 연예인의 임금 및 그에 공급한 물건의 대금 채권 4.학생 및 수업자의 교육, 의식 및 유숙에 관한 교주, 숙주, 교사의 채권	1년

아. 소멸시효 완성의 효과

소멸시효 완성의 효과에 관하여, 지금까지의 논의에서는 절대적 소멸설이 다수설과 판례의 태도로 보여져 왔습니다. 소멸시효의 완성의 효과와 관련하여, 국내학설의 견해가 나뉜 것은 입법자의 의사의 불명확 및 입법의 불완전성에서 기인한 것으로 볼 수 있습니다. 그리고 판례는 65다2445 판결에서만 절대적 소멸설의 견해를 밝히고 있고, 그 밖에 소멸시효 완성의 효력이 문제된 사안에서 모두 시효로 당연히 소멸하지만 시효를 변론주의를 이유로 원용하여야 하는 것으로 하여 결과적으로는 채무자의 원용이 필요하다는 견해를 취하고 있습니다.

이러한 판례의 태도가 순수한 절대적 효력설과는 정확히 일치하는 것은 아니라는 지적도 있습니다. 참고로 최근의 민법 개정작업에서는 상대적 소멸설이 다수의 지지를 받고 있습니다. 이러한 견해들에 의하면 소멸시효가 완성한 경우에는 그 권리의 소멸로 인하여 이익을 받을 자가 그 권리의 소멸을 주장할 수 있도록 규정하거나 원용권을 규정하게 될 것으로 예상됩니다.

소멸시효가 완성된 채무는 어떠한 성질의 채무인지에 관하여는 자연채무와 연계하여 간접적으로 설명되고 있습니다. 채무 자체가 소멸하고, 시효의 원용이 있기까지는 완전한 채무이고 그 원용이 있은 후에는 채무 자체가 소멸하기 때문입니다.

제2절 소멸시효 완성 후의 변제

소멸시효가 완성된 후에 채무자가 변제하는 경우로는 채무자가 소멸시효 완성의 사실을 모르고 변제한 경우와 그 사실을 알고 변제한 경우가 있습니다. 채무자가 소멸시효 완성의 사실을 알고 변제한 경우에는 소멸시효 완성 후에 시효이익을 포기한 것으로 유효한 변제가 되고 이는 원용권의 포기로 유효한 변제가 됩니다.

채무자가 채무 없음을 알면서 변제한다는 것은 극히 이례적인 것이기 때문에, 이러한 경우에는 일반적인 부당이득의 법리상으로도 그 반환을 청구하지 못하게 됩니다. 한편 채무자가 소멸시효 완성의 사실을 모르고 변제한 경우의 변제도 도의관념에 적합한 비 채 변제라는 이유로 그 반환이 부정되며, 소멸시효의 완성만으로는 채권이 소멸되지 않기 때문에 그것은 유효한 변제가 됩니다.

소멸시효 완성 후의 일부 변제채무자가 소멸시효가 완성된 채무를 일부 변제한 경우에 변제한 부분의 반환가능성과 나머지 부분의 변제 거절의 가능성이 각각 문제될 수 있습니다. 이것은 소멸시효가 완성된 채무의 일부 변제의 법적 성질 내지 법적 효과에 관한 문제인데, 구체적으로는 이러한 변제를 소멸시효의 이익의 포기로 볼 수 있는 가와 관련됩니다. 일부 변제를 시효이익의 포기로 본다면 나머지 잔금도 지급해야 하지만, 포기로 볼 수 없으면 이미 변제한 금액의 반환도 문제되며 이 경우에도 일부 변제의 법적 성질을 검토하여야 합니다.

채무자가 소멸시효가 완성된 채무를 알고 일부 변제한 경우와 모르고 일부변제 한 경우를 나누어 볼 필요가 있습니다. 소멸시효가 완성된 사실을 알면서 일부 변제한 경우는 소멸시효의 이익의 포기로 볼 수 있다는 점에서 전부 변제한 경우와 동일하게 해석됩니다. 또한 채무의 일부 변제로 한 시효이익의 포기도 변제한 부분의 채무에 대하여만 시효이익을 포기하는 것이 아니라 채무 전부에 대한 시효이익의 포기로 봅니다.

소멸시효의 완성의 사실을 모르고 일부 변제한 경우에는 도의관념에 적합한 비 채 변제가 됩니다. 채무자가 소멸시효 완성 후에 일부 변제한 경우에는 그 소멸시효완성을 알았는가 몰랐는가를 묻지 아니하고 원용이 없는 동안은 채권은 소멸하지 아니한 것이므로 이는 유효한 채무의 변제가 되고 따라서 이의 반환을 청구할 수 없게 됩니다. 또한 채무자가 소멸시효가 완성된 후에 시효완성사실을 알면서 한 채무의 일부 변제는 원용 권을 포기한 것입니다. 따라서 그러한 일부 변제는 유효한 채무의 변제이므로 채무자는 반환을 청구하지 못하며 나머지 채무에 대하여도 원용 권을 포기한 것으로 보아 이를 변제하여야 합니다.

제3절 소멸시효 부활

대부업체들은 소멸시효 완성채권을 매입한 후 법원에 지급명령을 신청하거나, 채무자로부터 소액변제를 받아내는 등의 방법으로 시효를 부활시켜 채권을 추심하고 있습니다. 대부업체는 지급명령이 신청된 경우 채무자가 지급명령에 대해 2주일(14일) 이내에 이의신청을 하지 않으면 채권자(대부업체)의 주장대로 지급명령이 발부된다는 점을 이용하고 있는 것입니다.

또한 대부업체는 "단돈 1만원만 입금하면 원금의 80%를 감면해 주겠다." 는 식으로 채무자들을 회유하여 채무자가 조금이라도 채무를 상환하면 채무자의 시효이익의 포기로 취급되어 별도의 법적절차 없이도 변제를 요구할 수 있다는 점도 이용하고 있습니다.

소멸시효가 완성된 소액채권 채무자의 대다수가 서민, 취약계층이어서 소멸시효 완성여부나 양수 금 청구 지급명령결정을 송달받고도 대응방법을 알지 못하는 경우가 많습니다. 그 결과 대부업체의 채권추심에 시달리다가 갚지 않아도 될 채무를 이행함으로써 정신적·경제적 피해가 발생되고 있는 것입니다. 대부업체들은 금융기관의 대출금이나 카드사의 신용카드이용대금을 장기간 채권을 관리하지 않아 소멸시효가 완성되었거나 시효를 얼마 남겨놓지 않아 곧 소멸을 앞두고 있는 사실상 채권을 포기한 채권을 헐값에 매수(양수)하여 채무자를 상대로 지급명령을 신청하는 것입니다.

그럼에도 불구하고 영업상 이익만을 추구하기 위해 금융기관이나 카드사에서 소멸시효 완성채권을 매각하는 것은 문제이며, 그러한 채권을 매입(양수)하여 추심에 나서는 대부업체 또한 문제가 아닐 수 없습니다.

가. 지급명령을 통한 소멸시효 부활 사례

충청남도 보령시에 사는 A씨(당시 ○○세, 남)는 2002. 3월 모 은행으로부터 1,000만원을 신용대출 받았으나, 2005. 10월경 실직 등 경제적 이유로 대출금이 연체 되었습니다. 이후 A씨는 군에 입대, 해외체류, 여러 차례의 이사 등으로 모 은행이 발송하는 채무상환독촉장, 채권양도통지서 등도 받지 못해 채무사실을 까마득히 잊고 있었습니다. 그런데 2015. 3월 A씨는 자신의 급여에 대하여 법원의 결정에 따라 채권압류 및 추심명령이 내려진 사실을 알고 놀랐습니다.

채권자는 □□대부라고 적혀 있었습니다.

깜짝 놀란 A씨는 그동안 한 번도 대부업체를 이용한 적이 없어 □□대부에 전화를 걸어 확인한 결과, □□대부가 2015. 1월 A씨의 대출채권을 모 은행으로부터 매입(모 은행은 2010. 9월 저축은행으로부터 매입)하였으며, 2015. 2월 법원에 이 채권의 지급명령을 신청했다는 사실을 알게 되었습니다.

A씨는 회사로부터 불이익을 당할까봐 두려워 먼저 □□대부에 원금 1,000만원과 원금보다 더 많은 연체이자 250만원까지 포함하여 총 1,250만 원을 갚았습니다.

그 후 A씨는 본인의 채무가 소멸시효가 완성된 채무였음에도 불구하고, 지급명령을 받고 나서 이의신청을 하지 않아 해당 지급명령이 확정되었다는 사실을 알고 황당해 하지 않을 수 없었습니다. 양수금 청구 독촉사건 지급명령결정을 송달받았으면 일부 변제를 해서는 안 되고 바로 법원으로 가서 연체일로부터 지급명령이 신청된 날까지 5년이 경과되었으면 이의신청을 하셔야 갚지 않아도 됩니다.

나. 소액변제 및 이행각서 청구를 통한 소멸시효 부활 사례

강원도 속초시에 사는 B씨(당시 ○○세, 여)는 2003. 4월 ○○은행으로부터 채소가게 운영자금 1,000만원을 신용대출 받았으나, 2006. 5월경부터 장사가 안되 대출금이 연체 되었습니다.

이후 B씨는 이혼, 여러 차례의 이사 등으로 ○○은행이 발송한 채무상환독촉장, 채권양도통지서 등도 받지 못해 채무사실을 까마득히 잊고 있었습니다. 그런데 최근 B씨는 □□대부업체(2011. 1월 ○○은행으로부터 B씨의 대출채권 매입)로부터 "지금당장 1만원만 지정한 계좌로 송금하면, 대출금 보다 많은 연체이자 1,500만원을 전액 면제해 주고, 원금도 절반을 깎아 주겠다." 는 말에 B씨는 곧장 인터넷뱅킹으로 1만원을 송금했습니다.

또한, B씨는 3개월 이내에 500만원을 상환하겠다는 내용으로 "채무이행각서"도 함께 작성해주었습니다. 그러나 최근 B씨는 직장동료들로부터 "B씨의 대출채무는 소멸시효가 완성된 채무로서 상환하지 않아도 되는 채무였으며, 최근 대부업체의 요청에 따라 1만원을 변제하고 채무이행 각서를 작성해준 것이 시효의 이익을 포기한 것으로 볼 수 있어 상환의무가 생겼다" 는 말을 듣고 너무나 당황스러웠습니다.

그러므로 연체일로부터 지급명령을 신청한 날까지 5년이 경과되어 소멸시효가 완성된 것이라면 돈을 갚지 않아도 되므로 절대 단 돈 1만원이라도 변제하는 경우 소멸시효의 이익을 채무자가 포기한 것으로 되어 상환의무가 생기기 때문에 절대 소액이라도 변제하면 안 됩니다.

다. 지급명령(독촉절차)

채권추심 자가 지급명령절차 등의 소송절차를 이용하여 소멸시효 완성채권에 대한 추심을 할 수 있는 가장 근본적인 이유는 현행법상 소멸시효 완성의 효과에 관한 학설 및 판례의 태도 때문입니다.

즉 변론주의에 입각하여 당사자의 주장에 따라 민사소송에서 법원이 소멸시효 완성의 효과를 판단하게 되므로 시효의 완성으로 권리가 당연히 소멸되는 것이 아니라 채무자가 소멸시효의 완성을 항변으로 주장하여야 그 효과를 누릴 수 있다고 보기 때문입니다.

한편, 2006년 11월 전자독촉시스템의 도입으로 인하여 독촉절차(지급명령)가 간편해져서, 대부업체들이 소멸시효 완성채권을 대량으로 헐값에 양수받아 지급명령을 신청하는 것이 가능해졌다는 점도 그 이유가 되겠습니다.

채권추심회사의 경우 1차적으로 재산조사 · 증거확보 · 임의회수 등의 방법과, 2차적으로 가압류 · 소송 · 지급명령 · 강제집행 등 법적절차에 의한 방법으로 추심을 하고 있습니다.

재산조사는 직접조사와 신용조사기관 의뢰를 통한 조사의 방법을 사용하며, 증거가 불충분한 계약의 경우 이를 보완하기 위하여 채무자로부터 변제각서 또는 잔액확인서를 받거나, 대금지급 약속 등을 녹취하거나, 채무에 대한 일부상환을 받음으로써 유효한 채무로서의 증거를 확보하고 있습니다.

이러한 증거의 확보 과정에서 불공정한 채권추심행위가 시작되는 경우가 많은데, 소멸시효 완성채권을 추심하는 때에도 채무자의 소멸시효이익의 포기를 유도함으로써 불공정한 채권추심행위를 하는 것입니다.

소멸시효이익의 포기에 관하여 민법 제184조 제1항은 "소멸시효의 이익은 미리 포기하지 못한다." 고 규정하고 있습니다. 이 조항의 반대해석상 소멸시효가 완성한 후에 시효이익을 포기하는 것은 유효합니다. 이러한 포기가 유효하려면 포기하는 자가 시효완성의 사실을 알고서 한 것이어야 합니다.

포기의 방법에는 '채무의 승인'이나 '변제기한의 유예요청'이 있습니다. 이에 관한 판례의 태도를 살펴보면 다음과 같습니다.

대법원 1965.12.28. 선고 65다2133 판결 "채권의 소멸시효가 완성된 후에 채무자가 그 기한의 유예를 요청하였다면 그때에 소멸시효의 이익을 포기한 것으로 보아야 합니다.

대법원 1967.02.07. 선고 66다2173 판결. "채권이 법정기간의 경과로 인하여 소멸시효로 소멸된다는 것은 보통 일반적으로 아는 것이라고 인정할 수 있는 것이므로 채무자가 시효완성 후에 채무의 승인을 한 때에는 일 응 시효완성의 사실을 알고 그 이익을 포기한 것이라고 추정할 수 있습니다.

대법원 1993.10.26. 선고 93다14936 판결 "동일 당사자 간에 계속적인 거래로 인하여 같은 종류를 목적으로 하는 수개의 채권관계가 성립되어 있는 경우에 채무자가 특정채무를 지정하지 아니하고 그 일부의 변제를 한 때에도 다른 특별한 사정이 없다면 잔존채무에 대하여도 승인을 한 것으로 보아 시효중단이나 포기의 효력을 인정할 수 있을 것이나(당원 1980. 5. 13. 선고 78다1790 판결 참조), 그 채무가 별개로 성립되어 독립성을 갖고 있는 경우에는 일률적으로 그렇게만 해석할 수는 없을 것이고, 채무자가 가압류 목적물에 대한 가압류를 해제 받을 목적으로 피 보전채권을 변제하는 경우에는 특별한 사정이 없는 한 피 보전채권으로 적시되지 아니한 별개의 채무에 대하여서까지 소멸시효의 이익을 포기한 것이라고 볼 수는 없을 것입니다

대법원 2001.06.12. 선고 2001다3580 판결 "채무자가 소멸시효 완성 후 채무를 일부 변제한 때에는 그 액수에 관하여 다툼이 없는 한 그 채무 전체를 묵시적으로 승인한 것으로 보아야 하고, 이 경우 시효완성의 사실을 알고 그 이익을 포기한 것으로 추정되므로, 소멸시효가 완성된 채무를 피담보채무로 하는 근저당권이 실행되어 채무자 소유의 부동산이 경락되고 그 대금이 배당되어 채무의 일부 변제에 충당될 때까지 채무자가 아무런 이의를 제기하지 아니하였다면, 경매절차의 진행을 채무자가 알지 못하였다는 등 다른 특별한 사정이 없는 한, 채무자는 시효 완성의 사실을 알고 그 채무를 묵시적으로 승인하여 시효의 이익을 포기한 것

으로 보아야 합니다.

대법원 2010.05.13. 선고 2010다6345 판결 "이미 소멸시효가 완성된 어음채권을 원인으로 하여 집행력 있는 집행권원을 가진 채권자가 채무자의 유체동산에 대한 강제집행을 신청하고, 그 절차에서 채무자의 유체동산 매각대금이 채권자에게 교부되어 그 채무의 일부변제에 충당될 때까지 채무자가 아무런 이의를 진술하지 아니하였다면, 그 강제집행 절차의 진행을 채무자가 알지 못하였다는 등 다른 특별한 사정이 없는 한 채무자는 어음채권에 대한 소멸시효 이익을 포기한 것으로 볼 수 있고, 그 때부터 그 원인채권의 소멸시효 기간도 다시 진행하지만, 이렇게 소멸시효 이익을 포기한 것으로 보기 위해서는 채무자의 유체동산 매각대금이 채권자에게 교부되어 그 채무의 일부변제가 이루어졌음이 증명되어야 합니다." 위의 2010다6345 판결에서 보다시피 소멸시효의 이익을 포기하면 채무자는 소멸시효의 완성을 주장하지 못하고, 포기한 때로부터 시효가 새로 진행합니다.

이와 같은 판례의 태도는 현재까지 계속되고 있습니다.

최근에는 채권자가 소멸시효 완성채권으로 강제집행을 진행했더라도 채무자가 강제집행에 별다른 이의를 제기하지 않았다면 채무를 승인한 것으로 봐야한다는 법원의 판결이 있었습니다. 울산지법 민사항소 2부는 채무자 김모(○○세)씨가 "시효가 지난 공정증서에 기한 강제집행을 불허해 달라" 며 채권자 임모(○○세)씨를 상대로 낸 청구이의소송(2014나8516)에서 강제집행을 불허한 제1심 판결을 취소하고 김씨의 청구를 기각했습니다. 재판부는 "채권자가 이미 소멸시효가 지난 채권으로 채무자의 유체동산에 대해 강제집행을 신청하고, 그 매각대금이 채무의 일부 변제에 충당될 때까지 채무자가 아무런 이의를 하지 않았다면 채무자는 채권에 대한 소멸시효 이익을 포기한 것으로 봐야 한다." 며 "임씨는 공정증서에 기해 김씨 소유의 유체동산을 압류해 매각대금 중 400여만 원 가량을 이 사건 채무변제로 충당했는데, 임씨는 경매절차가 진행된 사실을 알고도 아무런 이의를 제기하지 않았으므로 소멸시효의 완성사실을 알면서 채무를 묵시적으로 승인한 것으로 봐야 한다." 고 설명했습니다.

김 씨의 아내는 2001년7월 임씨에게 1,450만원을 빌리면서 '두 달이 지날 때까지 갚지 못하면 강제집행을 당해도 이의가 없다'는 내용의 약속어음공정증서를 작성하며 남편인 김씨를 연대보증인으로 세웠습니다. 김씨의 아내가 시간이 지나도 돈을 갚지 못하자 임씨는 2011년 6월 법원에 유체동산 강제집행을 신청해 가재도구 등을 압류했고, 김씨는 임씨에게 돈을 주고 압류된 물건 등을 되찾아왔습니다. 이후 김씨는 채권의 소멸시효인 5년이 지났으니 강제집행을 불허해 달라며 소송을 냈고, 임씨는 강제집행으로 인한 경락대금을 채무변제에 사용했는데도 김씨가 아무런 이의를 하지 않았으므로 시효이익을 포기한 것이라며 맞섰습니다.

제1심은 김씨가 임씨에게 준 돈은 임씨가 낙찰을 받은 가재도구를 매수하기 위해 송금했던 것일 뿐 채무의 승인이나 시효이익 포기로는 볼 수 없다며 원고승소 판결했습니다.

라. 소멸시효 완성채권의 추심 규제

소멸시효 완성채권의 추심이 가능한 것은 현행민법상 소멸시효 완성의 효과에 대한 규정이 모호하기 때문입니다. 또한 법원은 변론주의에 입각하여 채무자가 항변으로 주장하지 않으면 직권으로 소멸시효 완성의 효과를 판단할 수 없다는 입장을 취하고 있기 때문입니다.

이와 같이 소멸시효 완성채권에 대한 법적 효과가 명확하지 않은 상황에서 대부업자나 채권추심회사가 법원의 지급명령을 이용하거나 채무를 감면해 준다는 명목으로 채무 일부를 받아내는 등으로 소멸시효 이익 포기 규정을 악용하고 있는 것이 문제입니다. 그런데 더 큰 문제는 이러한 추심행위를 「채권의 공정한 추심에 관한 법률」로 금지시킬 수 있는지 여부가 명확하지 않다는 점입니다. 즉 소멸시효 완성채권이 동법 제11조 제1호 '무효이거나 존재하지 아니한 채권'에 해당하는지에 대한 의견이 분분한 실정입니다.

채권자 측의 입장에서 보면 시효로 소멸한 채권에 대해서도 채권추심이 정당한 것처럼 보이지만, 채무자 측의 입장에서 보면 갚지 않아도 되는 채무의 변제를 요구하는 추심행위는 불공정하게 보입니다. 최근의 사회적 분위기는 소멸시효 완성채권의 추심을 금지해야 한다는 의견이 대다수이며, 이러한 의견을 반영하여 금융당국에서는 채권자에 대한 행정지도와 대국민 교육 · 홍보를 통해 이 문제를 해결하고 있습니다.

채권추심단계에서 금지되는 행위 가운데 소멸시효 완성채권과 관련한 내용을 살펴보면, '무효이거나 존재하지 아니한 채권'을 추심하는 의사를 표시하는 행위는 금지됩니다.

구체적으로는, 소송을 통해 채무가 존재하지 아니한다는 사실이 판명되었음에도 불구하고 채권추심 의사를 표시하는 행위, 채권의 소멸시효가 완성되어 채무자가 채권추심을 중지할 것을 요구하였음에도 불구하고 채권추심을 하는 행위, 사망한 채무자의 상속인이 상속포기(심판청구)를 한 사실을 알면서도 채무를 변제하라고 요구하는 행위, 채권을 발생시킨 계약에 의해 명시적으로 인정되거나 법에 의해 허용된 것이 아닌 이자, 수수료 기타 비용 등을 원금에 추가하여 추심하는 행위, 채권자와 채무자와의 합의로 이미 감면된 채무금액에 대하여 정당한 사유 없이 변제를 요구하는 행위, 채무자가 채무를 변제하였다고 주장하면서 증거를 제시하였음에도 불구하고 사실관계 확인 없이 추심을 지속하는 행위, 채권자의 채무존재사실 입증 없이 채무자가 채무 부존재를 전적으로 입증할 책임이 있다고 요구하는 행위, 채무자가 채무금액에 대한 산출근거를 요구하였음에도 불구하고 이를 제시하지 않는 행위, 채무자를 상대로 형사사건을 제기하면 그에 소요되는 비용도 채무자가 부담해야 한다고 말하는 행위 등이 이에 해당될 수 있습니다.

보통 채무자가 잠적하는 바람에 추심이 어렵거나 채권 기관의 관리 소홀로 이런 채권들이 발생합니다. 모 저축은행 한 추심관계자는 채권 기관은 주소·연락처를 명확히 확인할 수 있는지 여부로 순위를 가려 독촉을 시작한다며 뒤로 밀리다 보면 잊힌 채무자가 발생할 수 있다고 말하고 있습니다. 소멸시효가 지났음에도 다른 부실 채권들과 함께 거래되는 이유는 재활용이 가능하기 때문입니다.

소멸시효기간이 5년이 지났어도 채권 기관은 법원에 채권자의 지위를 회복하기 위한 지급명령을 신청할 수 있습니다. 법원은 지급명령 신청이 들어오면 채무자에게 해당 내용을 통보합니다. 채무자가 통보를 받고 2주일(14일) 안에 이의신청을 하지 않으면 소멸시효가 자동으로 10년 연장됩니다.

대법원에 따르면 소멸시효가 끝난 뒤에 채권자의 독촉에 못 이겨 조금이라도 돈을 갚으면 다시 채무자 지위로 돌아간다는 문제는 채무자 대부분이 이러한 법 절차에 대한 지식이 전혀 없다는 것입니다.

신용회복위원회의 관계자는 지급명령에 대한 우편 고지가 와도 채권기관의 추심인 줄 알고 무시해 버리는 사람이 굉장히 많다며 소멸시효가 지났는지 모르는 사람은 처음 돈을 빌린 업체에 문의해봐야 한다고 말하고 있습니다.

실제로 대법원에 따르면 우편 통지된 지급명령에 대한 이의신청을 한 비율은 작년 기준 20% 정도에 불과하다고 밝히고 있습니다. 5명 중 4명은 소멸시효가 완성되어 청구권이 소멸되었기 때문에 추심에서 벗어날 수 있는 상황임에도 불구하고 제때 대응을 하지 못해 다시 채무자의 지위로 돌아가는 것입니다.

한 추심 전문 대부업체는 소멸시효가 끝난 채권을 매입하면 전부 법원에 지급명령 신청을 넣고 이의 제기가 들어오지 않은 건에 대한 추심 작업을 벌여 수익을 내는 것이라 말하고 있습니다.

이를 악용하는 사례가 늘자 금융감독원은 금융기관들에 소멸시효가 끝난 채권의 매각을 자제해 달라는 공문을 보냈습니다. 그래도 아무런 소용이 없는 것 같습니다.,

소멸시효가 끝난 채권을 거래하는 것이 불법은 아니지만 해당 채무자들이 대부분 취약계층이기 때문에 이들을 보호하는 차원에서 대책을 마련할 것이라고 말은 하고 있습니다. 하지만 일각에서는 악성 채무자를 과잉보호하다 보면 도덕적 해이가 심화될 수 있다는 반론도 제기되고 있습니다.

업계 관계자는 빚에 소멸시효가 있다는 것만으로도 어렵게 돈을 갚는 사람들을 허탈하게 하는데 이들을 더 보호하는 것은 도덕적 해이를 촉발하고, 금융회사들의 연체율을 낮추는 데 도움이안 된다고 말하기도 합니다.

먼저 소멸시효 완성채권의 추심 및 매각을 제한하기 위해서, 금융회사들이 소멸시효가 완성된 채권을 추심하거나 대부업체 등에게 매각하는 행위를 자제하도록 유도하는 행정지도를 하고, 이와 함께 소액채권(예: 원금기준 1천만 원 이하)에 대해서는 소멸시효 완성 시 추심을 제한하는 내용을 관련 법률에 반영하는 방안을 제안하였습니다. 그리고 소멸시효 완성사실에 대한 정보를 제공하는 차원에서 금융회사가 소멸시효 완성채권을 양도하기 위해 채무자에게 통지하는 '채권양도통지서' 상에 시효완성 사실을 명시토록 개선하고, 구체적으로는 「채권양도 통지업무 표준(안)」을 마련하기로 하는 한편, 채권자가 채권보전을 위해 법원에 제출하는 '지급명령신청서'에도 시효완성 여부를 명시토록 지급명령신청서 양식 개정과 금융 채권으로 한정하는 방안을 소관부처에 건의하기로 하였습니다.

제2장 금융회사로부터 채권양도통지를 받은 경우

가. 통지사실

채권양도통지서에 기재된 채권양도인, 양수인 및 채무사실이 정확한지 반드시 확인하여야 합니다. 채권자가 변경되었으므로 채권양수인 연락처, 원리금 상환계좌 등을 확인해야 합니다. 필요시 채권양수인에게 대출약정서, 원리금 상환내역, 이자산정 내역 등 관련 자료를 요청하여 기초 채무사실을 꼼꼼히 확인해야합니다.

금융기관의 대출금이나 카드사의 신용카드이용대금이 5년 이상 채권자로부터 연락(유선, 우편, 소제기 등)을 받지 못했다면, 소멸시효가 완성되었을 가능성이 크므로 소멸시효 완성 여부를 반드시 확인하여야 합니다.

따라서 '소멸시효 완성' 사실이 확인된 경우 변제할 의사가 없다면 채권양수인에게 소멸시효 완성사실 주장(구두 또는 서면이나 문자메시지 등을 발송합니다)하고, 채무상환을 거절할 수 있습니다.

나. 금융기관의 대출금 카드사의 카드대금 양도양수

금융기관의 대출금이나 카드사의 신용카드이용대금이 소멸시효가 완성되어 청구권이 소멸된 것을 일부 대부업체나 채권추심업체가 금융기관으로부터 헐값에 매입(양수)하여 대부업체들끼리 순차 채권양도의 방법으로 이를 최종 양수한 대부업체가 법원의 지급명령을 받아 경제적으로 취약한 채무자를 상대로 부당하게 추심하는 경우가 가장 많습니다.

금융기관의 대출금이나 카드사의 신용카드이용대금의 경우 권리를 행사(연체일)할 수 있는 때로부터 5년이 경과되면 채권의 소멸시효는 완성되는데, 금융사들은 통상 소멸시효가 완성된 대출금이나 카드대금을 일부 대부업체나 채권추심업체에게 헐값에 매각하고 있습니다.

따라서 채무자들은 채권을 양수한 대부업체들로부터 자신의 과거 대출 또는 신용카드, 할부 구입 등으로 발생한 채무액에 대한 채권양도통지서를 받게 되면 그냥 지나치지 말고 반드시 채권양수인에게 대출약정서, 원리금 상환내역, 이자산정 내역 등 관련 자료를 요구해 채무존재의 기초사실을 자세히 확인하고 소멸시효가 완성에 따른 소멸 여부를 확인하여야 합니다.

대부분의 대부업체나 채권추심업체는 법원의 지급명령신청(독촉절차)을 이용하는 경우가 많은데, 이는 채무자들이 법을 잘 몰라 소멸시효 완성 여부나 대응방법을 알지 못해 지급명령이 확정돼, 소송을 이용하는 것보다 손쉽게 집행권원(확정된 지급명령)을 받아 바로 강제집행을 할 수 있기 때문입니다.

지급명령신청은 서면심리만으로 각하사유만 없으면 곧바로 채무자에의 이행명령으로 지급명령을 발하기 때문에 채무자는 지급명령이 송달된 날부터 2주일(14일) 이내에 이의신청을 할 수 있습니다. 지급명령에 대하여 이의신청을 하지 않으면 이미 소멸시효가 완성되어 채무자가 갚지 않아도 되는 대출금이나 카드대금은 확정되고 강제집행을 당할 수 있습니다.

요즘에는 채무자가 송달받은 지급명령 독촉절차 안내서와 함께 원인채권(예를 들어, 대여금, 공사대금, 물품대금, 매매대금, 약정금, 양수금 등)의 소멸시효 기간을 안내해 주고 있으므로, 꼼꼼히 살펴보고 채무자가 돈을 갚지 않아도 되는 돈이라면 바로 이의신청을 하여야 합니다.

개인 사정으로 채무자가 지급명령을 송달받았으나 2주일(14일) 이내에 이의신청을 하지 못해 지급명령이 확정된 경우, 지급명령에는 판결과 같은 기판력이 인정되지 아니하므로 지급명령 확정 전에 생긴 청구권의 불성립이나 소멸시효가 완성되어 청구권이 소멸되었거나 무효 등의 사유를 근거로 하여 청구이의의 소를 제기할 수 있습니다.

청구이의의 소를 통해 대부업체나 채권추심업체의 채권은 소멸시효가 완성되어 청구권이 소멸되었음을 다투어(항변이라고 합니다) 받아들여지게 되면 지급명령의 집행력이 배제돼 채무를 변제하지 않아도 됩니다. 다만, 대부업체나 채권추심업체가 이미 강제집행이 개시된 경우에는 청구이의의 소로는 집행을 정지시킬 수 없으므로 별도로 잠정처분으로 강제집행정지 신청을 하여야 합니다.

제3장 채권양도통지의 효력

가. 채권양도

채권이 양도되었다는 문자를 받았으나 채권양도통지서를 받지 못한 경우 민법에서는 채권양도를 양도인 또는 양수인이 채무자에게 통지하거나 채무자가 이를 승낙함으로써 효력이 발생한다고 규정하고 있습니다.

채권양도통지서를 공식적으로 즉 확정일자가 있는 내용증명으로 채권양도통지서를 받지 못했다면 채권양도의 효력은 발생하지 않게 됩니다. 양도를 받은 곳에서 채권 추심을 시도할 수는 있겠지만 공식적인 양도통지서 없이 추심을 진행하는 것은 법적 문제가 있을 수 있습니다.

대부업체나 채권추심업체는 대부분 금융기관이나 카드사들이 소멸시효가 완성되어 사실상 추심을 포기한 채권을 헐값에 양도받아 양수 금을 청구하기 전에 채무자가 소멸시효가 완성되지 않은 것으로 둔갑시키려고 유사한 업체들끼리 양도·양수가 오고 간 후 마지막으로 양수받은 대부업체가 채무자를 상대로 양수금 청구 지급명령을 신청할 때 채권이 양도됐다는 증거로 채권양도통지서를 증거로 제출되었는지 채무자로서는 반드시 확인해야 합니다.

나. 채권양도통지서가 첨부되지 않은 경우

만약 지급명령신청에 채권양도통지서가 증거로 제출하지 않았다면 채무자는 바로 지급명령에 대한 이의신청을 하고 지급명령에 대한 답변서를 통하여 채권양도통지서가 없다는 점을 이유로 강력히 항변(청구기각을 구합니다)하시면 그 소송에서 승소할 수가 있습니다.

다. 채권양도통지서는 송달되어야 효력이 있습니다.

대부업체나 채권추심업체가 지급명령을 신청하면서 채권양도통지서를 증거로 제출됐다고 하더라도 채무자가 대부업체나 채권추심업체로부터 반드시 채권양도통지서를 송달받았어야 효력이 있습니다.

채무자가 대부업체나 채권추심업체끼리 오고 간 채권양도통지서를 송달받지 못했다면 대부업체나 채권추심업체는 그 소송에서 패소하게 되고 채무자가 그 소송에서 승소할 수 있기 때문에 즉각적으로 항변하여야 합니다.

라. 지급명령 확정 청구이의의 소 제기

이미 소멸시효가 완성되어 청구권이 소멸된 금융기관의 대출금이나 카드사의 신용카드이용대금을 대부업체나 채권추심업체들이 헐값에 매입(양수)받아 채무자를 상대로 지급명령을 신청하고 채무자가 제때 이의신청을 하지 못해 지급명령이 확정되었을 경우 그 대부업체나 채권추심업체를 상대로 청구이의의 소를 제기하고 대부업체나 채권추심업체의 양수금은 이미 소멸시효가 완성되어 청구권이 소멸되었음을 이의사유로 하여 이미 확정된 지급명령을 영구적으로 집행력을 배제시킬 수 있습니다.

대부업체나 채권추심업체가 소멸시효가 완성된 금융기관의 대출금이나 카드사의 신용카드이용대금을 지급명령을 신청하였으나 채무자에게 송달이 되지 않아 대부업체나 채권추심업체가 소제기신청을 하고 법원에서 채무자에게 공시송달로 판결이 선고되어 확정된 것이라면 법원으로 가셔서 판결정본을 교부(발급)받은 날로부터 2주일(14일) 내에 추후보완항소(추완항소)를 할 수 있고, 언제든지 청구이의의 소를 제기하여 소멸시효가 완성된 채권임을 이의사유로 내세워 공시송달로 판결이 확정된 집행권원을 영구적으로 집행력을 배제할 수 있습니다.

제4장 소멸시효 완성 여부

일반적으로 금융 채무는 기한의 이익 상실일(연체일)로부터 5년이 경과하면 소멸시효 완성됩니다.

채무와 관련하여 아래와 같은 사건이 발생한 경우, 사건이 종료된 때부터 소멸시효 다시 계산합니다.

채무자가 채무를 일부 변제하였거나, 갚겠다는 각서, 확인서 등을 작성해 준 경우, 해당일로부터 5년이 경과하면 소멸시효 완성됩니다.

채무와 관련 법원의 경매, 압류(가압류)결정이 내려진 경우, 법원의 결정일로부터 5년이 경과하면 소멸시효 완성됩니다. 채무와 관련 법원의 판결, 지급명령이 확정된 경우에는 확정일로부터 10년이 경과하면 소멸시효 완성되어 청구권이 소멸됩니다.

가. 지급명령을 받은 경우

채권양도통지서를 받은 경우와 마찬가지로 채무자로서는 채권자, 채무액은 물론 소멸시효 완성 여부를 꼼꼼히 따져보아야 합니다. '소멸시효 완성' 사실이 확인된 경우 변제할 의사가 없다면 지급명령을 받은 날로부터 2주일(14일) 이내에 지급 명령을 발한 그 법원에 서면으로 이의신청을 해야 합니다.

지급명령에 대한 이의신청은 방문 또는 인터넷(대한민국 법원 전자소송 ecfs.scourt.go.kr)으로 가능하나, 반드시 정해진 기간(2주일 14일) 내에 이의신 청을 해야 합니다

소멸시효가 완성된 채권이라 하더라도 법원으로부터 지급명령을 받은 날로부터 2 주(14일) 이내에 이의신청을 하지 않는 경우, 대부업체 등의 주장대로 지급명령이 확정되어 시효가 10년으로 다시 부활되고 상환의무가 생깁니다. 2주(14일) 이내 에 이의신청을 하지 못했다면, 지급명령을 한 법원에 '청구이의의 소'를 제기하 여야 합니다.

방문 또는 인터넷(대한민국 법원 전자소송 ecfs.scourt.go.kr)으로도 가능합니다. 만약, 대부업체가 지급명령에 근거하여 급여나 예금에 압류(또는 추심명령 및 전 부명령)를 신청하여 법원의 결정이 내려진 경우 1주일(7일) 이내에 즉시 항고할 수 있습니다.

특히 지급명령신청 사건 중 추심기관(대부업체들끼리 양도·양수 되어)을 달리하 여 같은 건으로 2회 이상 지급명령을 받은 경우도 있어서 부존재 채무에 대한 채 권의 양도·양수와 추심의 방법으로 무분별한 지급명령신청을 악용하는 행위가 문제되고 있으므로 채무자로서는 제대로 잘 따져봐야 합니다.

그 이유로는 채무자가 부당한 채권이 발생한 사실 및 채권이 거래되는 과정을 알 지 못하기 때문일 뿐만 아니라 법률적 지식의 부족으로 인한 대처능력이 부족하 기 때문입니다. 또한 지급명령절차의 간이신속성으로 인해 최소한의 확인과정조차 결여되어 있어서 채권추심 자가 사실상 소송사기 적 행태를 보이고 있습니다.

채권양도통지서에 기재된 채권양도인, 양수인 및 채무사실이 정확한지 확인하여야 합니다. 채권자가 변경되었으므로 채권양수인 연락처, 원리금 상환계좌 등을 확인해야 합니다. 필요시 채권양수인에게 대출약정서, 원리금 상환내역, 이자산정 내역 등 관련 자료를 요청하여 기초 채무사실을 꼼꼼히 확인해야 합니다. 금융기관의 대출금이나 카드사의 신용카드이용대금이 5년 이상 채권자로부터 아무런 연락(유선, 우편, 소제기 등)을 받지 못했다면, 소멸시효가 완성되었을 가능성이 크므로 소멸시효 완성 여부를 반드시 확인하여야합니다. '소멸시효 완성' 사실이 확인된 경우 변제할 의사가 없다면 채권양수인에게 소멸시효 완성사실 주장(구두 또는 서면, 문자메시지 등)하고, 채무상환을 거절할 수 있습니다.

예를 들어, 변제의 항변은 당사자의 의사에 의하여 변제행위를 한 사실을 방어방법으로서 주장하는 것이지만, 소멸시효 완성의 항변은 당사자의 의사와 무관한 시효의 '기산점' 과 '시간의 경과' 를 주장하는 것입니다. 따라서 채권의 소멸이라는 법률효과는 같지만, 그 효과발생의 요건이 되는 사실의 성격은 다릅니다. 소멸시효 완성은 사람의 정신작용과 관계없는 사실로서 '시간의 경과' 에 따라 민법에 의해 직접 그 효과가 발생하는 것입니다.

법원은 변론주의에 의하여 당사자가 주장하는 사실과 증거자료를 기초로 사실인정을 하고 법규해석이나 법률상의 판단을 합니다. 소멸시효 완성의 효과는 시간의 경과를 전제로 법률에 의해 직접 채무 소멸의 효과가 발생되는 것으로 이해하는 한, 당사자는 소멸시효가 완성되었다거나 또는 소멸시효의 이익을 받겠다는 등의 주장을 적극적으로 내세우지 않더라도 법원은 소멸시효의 완성에 따른 법적 효과에 관한 판단을 내릴 수 있다고 보아야 합니다.

최신서식

제1장 소멸시효가 완성된 지급명령에 대한 이의신청서 최신서식

(1) 지급명령에 대한 이의신청서 - 대부업체가 카드사의 신용카드이용대금을 양수받아
채무자에게 청구한 지급명령결정에 대한 이의신청서 최신서식

지급명령에 대한 이의신청서

사   건 ： ○○○○차○○○○호 양수금청구 독촉사건

신 청 인(채무자) ： ○   ○   ○

피신청인(채권자) ： 주식회사 ○○○○대부

○○○○ 년 ○○ 일 ○○ 일

위 신청인(채무자) ： ○ ○ ○   (인)

부산지방법원 독촉계 귀중

지급명령 이의신청서

1.채권자

성 명	(주) ○○○○대부 법인등록번호
주 소	부산시 ○○구 ○○로 ○○, ○○빌딩 제○○호
대 표 자	대표이사 ○ ○ ○
전 화	휴대전화 010 - 1234 - 0000
기타사항	이 사건 채권자입니다.

2.채무자

성 명	○ ○ ○	주민등록번호	생략
주 소	부산시 진구 ○○로 ○○, ○○○-○○○○호		
직 업	상업	사무실 주 소	생략
전 화	(휴대폰) 010 - 8711 - 0000		
기타사항	이 사건 채무자입니다.		

신청취지

위 당사자 간 ○○○○차○○○○호 양수금청구 독촉사건에 대해 채무자는 귀원으로부터 ○○○○. ○○. ○○. 지급명령결정정본을 송달 받았으나, 채무자는 불복하여 별지 답변서를 첨부하여 이의신청을 합니다.

소명자료 및 첨부서류

1. 답변서   3부

○○○○ 년 ○○ 월 ○○ 일

위 신청인(채무자) : ○ ○ ○   (인)

부산지방법원 독촉계 귀중

(2) 지급명령에 대한 이의신청서 – 대부업체가 금융기관의 대출금을 양수받아 채무자
에게 청구한 지급명령결정에 대한 이의신청서 최신서식

지급명령에 대한 이의신청서

사　　　　　건 ：　○○○○차전○○○○호　양수금청구 독촉사건

신 청 인(채무자) ：　○　　　　　○　　　　　○

피신청인(채권자) ：　주식회사 ○○자산관리대부

○○○○ 년 ○○ 일　○○ 일

위 신청인(채무자) ：　○　○　○　　(인)

대전지방법원 천안지원 독촉계 귀중

지급명령 이의신청서

1.채권자

성 명	(주) ○○자산관대부 법인등록번호 :
주 소	대전시 ○○구 ○○로길 ○○, ○○빌딩 ○○○호
대 표 자	사내이사 ○ ○ ○
전 화	휴대전화 010 - 9954 - 0000
기타사항	이 사건 채권자입니다.

2.채무자

성 명	○ ○ ○	주민등록번호	생략
주 소	충남 천안시 ○○로 ○○, ○○○-○○○○호		
직 업	상업	사무실 주 소	생략
전 화	(휴대폰) 010 - 9543 - 0000		
기타사항	이 사건 채무자입니다.		

신청취지

위 당사자 간 ○○○○차전○○○○호 양수금청구의 독촉사건에 대해 채무자는 귀원으로부터 ○○○○. ○○. ○○. 지급명령결정정본을 송달 받았으나, 채권자의 이 사건 청구는 ○○은행의 대출금채권을 헐값에 양수받아 채무자에게 양수금을 청구한 것이므로 연체일 ○○○○. ○○. ○○.부터 이 사건 지급명령이 접수된 ○○○○. ○○. ○○.까지는 5년이 경과되어 소멸시효가 완성된 것이므로 위 사건에 대해 채무자는 불복하여 답변서를 첨부하여 이의신청을 합니다.

소명자료 및 첨부서류

1. 답변서 부본   3부

○○○○ 년 ○○ 월 ○○ 일

위 신청인(채무자) : ○ ○ ○ (인)

대전지방법원 천안지원 독촉계 귀중

(3) 지급명령에 대한 이의신청서 – 대부업체가 물품대금을 양수받아 채무자에게 청구
한 지급명령결정에 대한 채무자가 제출하는 이의신청서 최신서식

지급명령에 대한 이의신청서

사　　　　　건　:　○○○○차전○○○○호　물품대금청구 독촉사건

신 청 인(채무자) :　○　　　　○　　　　　○

피신청인(채권자) :　○○자산관리대부 주식회사

○○○○ 년 ○○ 일　○○ 일

위 신청인(채무자) : ○　○　○　(인)

춘천지방법원 원주지원 독촉계 귀중

지급명령 이의신청서

1.채권자

성 명	(주) ○○자산관대부 법인등록번호 :		
주 소	서울시 ○○구 ○○로길 ○○, ○○빌딩 ○○○호		
대 표 자	사내이사 ○ ○ ○		
전 화	휴대전화 010 - 2387 - 0000		
기타사항	이 사건 채권자입니다.		

2.채무자

성 명	○ ○ ○	주민등록번호	생략
주 소	강원도 원주시 ○○로 ○○, ○○○-○○○○호		
직 업	무직	사무실 주 소	생략
전 화	(휴대폰) 010 - 2309 - 0000		
기타사항	이 사건 채무자입니다.		

신청취지

위 당사자 간 ○○○○차○○○○호 양수금청구의 독촉사건에 대해 채무자는 귀원으로부터 ○○○○. ○○. ○○. 지급명령결정정본을 송달 받았으나, 채권자의 주장이 사실과 크게 다르며, '민법 제163조(3년간의 단기소멸시효) 제6호' 에서 정한 법률에 의거, 이미 소멸시효가 완성된 청구취지의 금원 및 지연손해금을 청구하고 있어, 위 사건에 대해 채무자는 불복하여 이의신청을 합니다.

소명자료 및 첨부서류

1. 답변서 부본   3부

○○○○ 년 ○○ 월 ○○ 일

위 신청인(채무자) : ○ ○ ○   (인)

춘천지방법원 원주지원 독촉계 귀중

(4) 지급명령에 대한 이의신청서 - 대부업체가 연대보증채무를 청구한 지급명령결정에 대하여 주 채무가 소멸시효가 완성되었음에도 청구취지의 금원 및 지연손해금을 청구하고 있어, 제기하는 이의신청서 최신서식

지급명령에 대한 이의신청서

사   건 : ○○○○차전○○○○호   연대보증채무 독촉사건

신 청 인(채무자) : ○   ○   ○

피신청인(채권자) : 주식회사 ○○○자산관리대부

○○○○ 년 ○○ 일 ○○ 일

위 신청인(채무자) : ○ ○ ○ (인)

대전지방법원 홍성지원 보령시법원 귀중

지급명령에 대한 이의신청서

1.채권자

성 명	주식회사 ○○○자산관대부 법인등록번호 :
주 소	대전시 ○○구 ○○로길 ○○, ○○빌딩 ○○○호
대 표 자	사내이사 ○ ○ ○
전 화	휴대전화 010 - 2567 - 0000
기타사항	이 사건 채권자입니다.

2.채무자

성 명	○ ○ ○	주민등록번호	생략
주 소	충남 보령시 ○○로 ○○, ○○○-○○○○호		
직 업	무직	사무실 주 소	생략
전 화	(휴대폰) 010 - 1432 - 0000		
기타사항	이 사건 채무자입니다.		

신청취지

위 당사자 간 ○○○○차전○○○○호 양수금청구의 독촉사건에 대해 채무자는 귀원으로부터 ○○○○. ○○. ○○. 지급명령결정정본을 송달 받았으나, 채권자의 주장이 사실과 크게 다르며, 채무자의 연대보증채무는 주 채무인 채무자 ○○○의 주 채무가 이미 5년이 경과돼 소멸시효가 완성되어 소멸되면 채무자의 연대보증 채무도 함께 소멸됩니다. 주 채무자인 ○○○의 소멸시효 기산점은 위 대출약정일 인 ○○○○. ○○. ○○.로부터 대출기간 300일이 지난 ○○○○. ○○. ○○.입니다.(대출약정서 소 을 제1호증 참조) 이미 소멸시효가 완성된 청구취지의 금원 및 지연손해금을 청구하고 있어, 위 사건에 대해 채무자는 불복하여 이의신청을 합니다.

소명자료 및 첨부서류

1. 답변서 부본   3부

○○○○ 년 ○○ 월 ○○ 일

위 신청인(채무자) : ○ ○ ○ (인)

대전지방법원 홍성지원 보령시법원 귀중

지급명령에 대한 이의신청서

사   건 :   ○○○○차○○○○호 양수금청구의 독촉사건

채 권 자 :   주식회사 ○ ○ ○ ○ 대 부

채 무 자 :   ○   ○   ○

광주지방법원 순천지원 여수시법원 귀중

지급명령에 대한 이의신청서

1.채권자

성 명	주식회사 ○○○○대부(등록번호 :)
주 소	광주시 ○○구 ○○로길 ○○,(○○동, 5층 ○○○호)
대 표 자	대표이사 ○○○
전 화	(휴대폰) 알지 못합니다.
기타사항	이 사건 채권자입니다.

2.채무자

성 명	○ ○ ○	주민등록번호	생략
주 소	전라남도 여수시 ○○로길 ○○, ○○○호		
직 업	무직	사무실 주 소	생략
전 화	(휴대폰) 010 - 9123 - 0000		
기타사항	이 사건 채무자입니다.		

신청취지

위 당사자 간 귀원 ○○○○차○○○○호 양수금청구의 독촉사건에 관하여 채무자는 지급명령정본을 ○○○○. ○○. ○○.에 송달 받았으나, 채권자의 청구에 응할 하등의 이유가 없으므로 이의신청을 합니다.

소명자료 및 첨부서류

1. 소을제1호증   영수증

○○○○ 년 ○○ 월 ○○ 일

위 신청인(채무자) : ○ ○ ○ (인)

광주지방법원 순천지원 여수시법원 귀중

제2장 소멸시효가 완성된 지급명령에 대한 청구기각 답변서 최신서식

(1) 소멸시효가 완성된 지급명령에 대한 답변서 - 대부업체가 카드사의 신용카드이용 대금을 헐값에 양수받아 청구한 지급명령에 대하여 이의신청을 하고 소멸시효가 완성되어 청구권이 소멸된 것이므로 청구기각을 구하는 답변서 최신서식

답 변 서

사 건 번 호 : ○○○○차전○○○○호 양수금청구의 독촉사건

채 권 자 : ○○자산대부관리 주식회사

채 무 자 : ○   ○   ○

○○○○ 년 ○○ 월 ○○ 일

위 채무자 : ○ ○ ○   (인)

청주지방법원 영동지원 귀중

답 변 서

사 건 번 호 : ○○○○차전○○○○호　양수금청구의 독촉사건
채 권 　 자 : ○○자산대부관리　주식회사
채 무 　 자 : ○　　　　○　　　　○

위 사건에 대하여 채무자는 다음과 같이 답변서를 제출합니다.

- 다　음 -

청구취지에 대한 답변

1. 채권자의 청구를 기각한다.

2. 소송비용 및 독촉절차비용은 채권자의 부담으로 한다.

　라는 판결을 구합니다.

청구원인에 대한 답변

(1) 채권자는 신청 외 주식회사 국민카드(이하, 다음으로는'국민카드' 라고만 줄여 쓰겠습니다)가 채무자에 대한 신용카드이용대금에 대하여 소멸시효가 완성되어 포기한 자산을 헐값에 이를 양도받아 청구하는 대부업체로서, 채권자가 지급명령 신청이유에서 일방적으로 주장하는 이유에 의하면 채무자가 2015. 3. 23. 부터 2015. 5. 23.까지 사용한 신용카드이용대금 금 5,570,000원을 지급하지 않고 있다고 주장하고 있습니다.

(2) 채권자가 지급명령에서 주장하는 바와 같이 채무자가 2015. 5. 23.까지 위 신

용카드이용대금을 지급하지 못했더라도 2015. 5. 23. 연체일로부터 소멸시효의 기산일로 간주하더라도, 2020. 5. 23.로 5년이 훨씬 경과되어 소멸시효가 이미 완성된 신청 외 국민카드의 채무자에 대한 신용카드이용대금을 양수받아 2020. 11. 3.에 이 사건의 지급명령신청을 하였으므로 역수 상 연체일로부터 5년이 훨씬 지난 후에 채무자에게 청구한 것이므로 기각되어야 할 것입니다.

(3) 이는 '상법 제64조(상사시효) 상행위로 인한 채권은 본법에 다른 규정이 없는 때에는 5년간 행사하지 아니하면 소멸시효가 완성한다.' 에서 정한 법률에 의거, 채무자를 대상으로 신청 외 국민카드의 채무자에 대한 신용카드이용대금을 더 이상 청구할 수 없음에도 불구하고 채무자에게 의도적으로 거짓 사실을 알리어 불안감을 조성케 하고 공갈·사기·협박 등의 방법으로 아직까지 소멸시효가 완성되지 아니한 것처럼 조장하여 채무자를 기만하는 등 불법행위를 일삼고 있습니다.

한편 채권자의 위와 같은 행위는'채권의 공정한 추심에 관한 법률 제9조(폭행·협박 등의 금지) 제9호 및 제11조(거짓 표시의 금지 등)의 각호, 제13조(부당한 비용 청구 금지)의 제1항'에서 정한 법률에 크게 위배되는 범법행위로 일관하며 법을 악용하고 있습니다.

(4) 채무자로서는 충청북도 보은군에서 장사를 하던 중 2015. 3. 23.부터 2015. 5. 23. 무렵 신청 외 국민카드로부터 지급해야 할 신용카드이용대금이 연체된 사실은 맞지만 채무자는 그 무렵 위 신청 외 국민카드에 대한 신용카드이용대금을 모두 변제한 것도 사실이지만 시일이 오래 경과되어 영동군으로 이사를 하는 등 변제한 근거를 찾을 수 없을 뿐입니다.

(5) 채권자는 지급명령신청에서 수차례에 걸쳐 문자를 발송하고 고지문을 발송하였다고 주장하고 있으나 이 또는 채무자는 전혀 받은 사실도 없을 뿐 아니라 설사 채무자가 문자나 고지 문을 받았다고 가정하더라도 이는 6개월 이내에 청구를 하여야만 소멸시효가 중단되는 것이므로 채권자는 6개월이 훨씬 지나도록 청구를 하지 않았고 연체일로부터 5년이 훨씬 경과된 이후인 2020. 11. 3.에 이 사건 지급명령을 신청하였습니다.

(6) 따라서 채권자는 위와 같이 신청 외 국민카드가 채무자에게 가지는 이 사건 신용카드이용대금은 사실상 소멸시효가 완성되어 포기한 것을 헐값에 양도받은

것이므로 채권자 역시 채무자에게 이를 청구할 권리가 소멸시효가 완성되어 소멸되었으므로 채권자의 이 사건 청구에 대하여 기각한다는 판결을 구하고자 이 사건 답변에 이르게 된 것입니다.

소명자료 및 첨부서류

1. 을 제1호증   신용카드이용대금내역서

○○○○ 년 ○○ 월 ○○ 일

위 채무자 : ○ ○ ○   (인)

청주지방법원 영동지원 귀중

(2) 소멸시효가 완성된 지급명령에 대한 답변서 - 대부업체가 금융기관의 대출금을 헐값에 양수받아 청구한 지급명령에 대하여 이의신청을 하고 이미 5년이 경과되어 소멸시효가 완성된 것이므로 청구기각을 구하는 답변서 최신서식

답 변 서

사 건 번 호 :   ○○○○차전○○○○호   양수금청구의 독촉사건

채 권 자 :   ○○자산대부관리 유한회사

채 무 자 : ○   ○   ○

○○○○ 년 ○○ 월 ○○ 일

위 채무자 : ○ ○ ○   (인)

전주지방법원 김제시법원 귀중

답 변 서

사건번호 : ○○○○차전○○○○호   양수금청구 독촉사건
채 권 자 : ○○자산대부관리 유한회사
채 무 자 : ○   ○   ○

위 사건에 대하여 채무자는 다음과 같이 답변 및 결정을 구하고자 합니다,

- 다   음 -

청구취지에 대한 답변

1. 채권자의 신청을 기각한다.

2. 소송비용은 채권자의 부담으로 한다.

  라는 판결을 구합니다.

청구사유에 대한 답변

1. 채권자는 신청 외 주식회사 ○○저축은행(이하 앞으로는 '○○저축은행' 라고 줄여 쓰겠습니다)가 채무자에게 ○○○○. ○○. ○○. 대출한 금 ○○,○○○, ○○○원을 ○○○○. ○○. ○○.변제하기로 하였으나 이를 변제하지 않은 채권에 대하여 신청 외 ○○저축은행으로부터 ○○○○. ○○. ○○.양수받아 양수금을 청구한다고 주장하고 있습닉다.

2. 한편 채권자는 채무자가 신청 외 ○○저축은행에게 ○○○○. ○○. ○○.대출을 받은 것인데 이를 변제하지 않았다고 주장하고 있는데 이는 채권자가 신청 외 ○○저축은행의 대출업무와 신용카드대출업무는 상법 제46조 제8호에

의한 기본적 상행위에 해당되며, 상행위로 인한 채권의 소멸시효에 관하여 판례는 당사자 쌍방에 대하여 모두 상행위가 되는 행위로 인한 채권뿐만 아니라 당사자 일방에 대하여만 상행위에 해당하는 행위로 인한 채권도 상법 제64조 소정의 5년의 소멸시효기간이 적용되는 상사채권에 해당한다(2002년9월24일 선고 2002다6760,6777판결. 2005년5월27일 선고 2005다7863호 판결 참조)고 판시하고 있습니다.

3. 채권자의 신청 외 ○○저축은행의 채무자에 대하여 한 대출업무는 상법에 적용되는 상행위이므로 따라서 그 원금 및 지연이자금의 소멸시효기간은 5년이라 할 것인바 그렇다면 이 또한 이미 모두 소멸된 것입니다.

4. 그러므로 채권자의 채무자에 대한 이 사건 양수금 청구는 채무자가 채권자에 대해 부담하는 채무는 대출계약으로 인한 상법 제64조에 따라 신청 외 ○○저축은행이 ○○○○. ○○. ○○. 대출한 금 ○○,○○○,○○○원은 ○○○○. ○○. ○○.변제하기로 한 이상 ○○○○. ○○. ○○. 연체일로부터 채권자가 이 사건 지급명령을 신청한 ○○○○. ○○. ○○.까지 5년이 경과되어 시효로 이미 소멸한 것이므로 기각을 면치 못할 것입니다.

소명자료 및 첨부서류

1. 소 을제1호증   대출약정서(지명령신청서에 첨부된) 부본

○○○○ 년 ○○ 월 ○○ 일

위 채무자 : ○ ○ ○   (인)

전주지방법원 김제시법원 귀중

(3) 소멸시효가 완성된 지급명령에 대한 답변서 - 대부업체가 카드사의 신용카드이용
대금을 헐값에 양수받아 청구한 지급명령에 대하여 이의신청을 하고 5년이 경과
되어 소멸시효가 완성된 것이므로 청구기각을 구하는 답변서 최신서식

답 변 서

사 건 번 호 : ○○○○차전○○○○호 양수금청구의 독촉사건

채 권 자 : 주식회사 ○○자산관리대부

채 무 자 : ○   ○   ○

○○○○ 년 ○○ 월 ○○ 일

위 채무자 : ○ ○ ○ (인)

수원지방법원 오산시법원 귀중

답 변 서

사 건 번 호 : ○○○○차전○○○○호 양수금청구의 독촉사건
채 권 자 : 주식회사 ○○자산관리대부
채 무 자 : ○   ○   ○

위 사건에 대하여 채무자는 다음과 같이 답변 및 결정을 구하고자 합니다,

- 다 음 -

청구취지에 대한 답변

1. 채권자의 신청을 기각한다.

2. 소송비용은 채권자의 부담으로 한다.

  라는 판결을 구합니다.

청구원인에 대한 답변

1. 양도 양수 및 지급명령 신청한 날

  가. 채권자는 신청 외 ○○카드사의 채무자에 대한 신용카드이용대금채권에 대하여 추심을 포기한 권리를 자산 양도 받아 채무자에게 이를 청구하였습니다.

  나. 채권자가 지급명령의 신청원인에서 위 ○○카드사의 신용카드이용대금을 채무자가 ○○○○. ○○. ○○.부터 연체하였다고 밝히고 있습니다.

  다. 채권자가 채무자를 상대로 이 사건 지급명령을 신청한 날은 ○○○○. ○○. ○○.입니다.

2. 소멸시효 완성

  가. 채권자가 주장한 청구원인에 의하더라도 채무자가 위 ○○카드사에 대한 신
    용카드이용대금을 ○○○○. ○○. ○○.부터 연체하였다고 주장하고 있습니
    다. ○○○○. ○○. ○○.연체일로부터 채권자가 이 사건 지급명령을 신청
    한 ○○○○. ○○. ○○.까지는 상법 제64조에서 정한 5년이 이미 경과되어
    소멸시효가 완성되어 채권자의 이 사건 청구권은 소멸되었습니다.

  나. 따라서 채권자는 채무자에게 이미 소멸시효가 완성되어 청구권이 소멸된 신
    청 외 ○○카드사로부터 양수받아 채무자에게 양수금을 청구한 것입니다.

3. 소멸시효 중단 주장

  가. 채권자는 지급명령신청을 통하여 채무자에게 ○○○○. ○○. ○○.무렵 ○○
    카드사의 신용카드이용대금연체금을 양수받아 내용증명을 발송하고 소멸시
    효가 중단된 것으로 주장도 하고 있습니다.

  나. 채무자는 채권자로부터 ○○○○. ○○. ○○.연체일 이후로 그 어떠한 내용
    증명이나 독촉장을 송달받은 사실 조차 전혀 없습니다.

  다. 설사 채무자가 채권자의 내용증명을 ○○○○. ○○. ○○.송달받았다고 가정
    하더라도 채권자는 채무자에게 내용증명을 발송한 ○○○○. ○○. ○○.부터
    6개월 내에 채무자를 상대로 재판상 청구를 하거나 가압류를 하지 않은 채
    6개월이 훨씬 지난 ○○○○. ○○. ○○. 이 사건 지급명령을 신청하였으므
    로 여러모로 보나 채권자의 이 사건 양수금 청구는 이미 소멸시효가 완성되
    어 청구권이 소멸되었습니다.

4. 변제항변

  가. 채무자로서는 너무나 시일이 오래되어 기억은 잘 나지 않지만 ○○카드사에
    게 이 사건의 신용카드이용대금을 변제한 것으로 알고 있습니다.

  나. 채무자자가 연체일 이전에 ○○카드사에게 이 사건의 신용카드이용대금을
    모두 변제한 것도 사실입니다.

결론

○ 채권자는 신청 외 ○○카드사가 채무자에 대한 신용카드이용대금에 대한 소
멸시효가 완성되어 사실상 추심을 포기한 채권을 헐값에 양수받거나 덤으로
넘겨받아 양수금을 청구한 것이므로 ○○○○. ○○. ○○.을 연체일로 기산하
더라도 채권자가 이 사건 지급명령을 신청한 ○○○○. ○○. ○○.날까지는 5
년이 이미 경과되어 소멸시효가 완성되어 채권는 채무자에게 이를 청구할 권
리가 소멸된 것이므로 채권자의 청구취지 및 청구사유에 대하여 기각한다는
판결을 구하고자 이건 신청에 이르게 된 것입니다.

소명자료 및 첨부서류

1. 지급명령결정   1통

2. 부채증명서   1통

3. 답변서 부본

○○○○ 년 ○○ 월 ○○ 일

위 채무자 : ○   ○   ○   (인)

수원지방법원 오산시법원 귀중

(4) 소멸시효가 완성된 지급명령에 대한 답변서 - 대부업체가 물품대금을 양수받아
   청구한 지급명령에 대하여 이의신청을 하고 지급하기로 한 날부터 3년이 경과되
   어 소멸시효가 완성된 것이므로 청구기각을 구하는 답변서 최신서식

답 변 서

사 건 번 호 : ○○○○차전○○○○호 물품대금청구 독촉사건

채 권 자 : ○○자산대부관리 유한회사

채 무 자 : ○   ○   ○

○○○○ 년 ○○ 월 ○○ 일

위 채무자 : ○   ○   ○   (인)

수원지방법원 안산지원 귀중

답 변 서

사 건 번 호 : ○○○○차전○○○○호 물품대금청구 독촉사건
채 권 자 : ○○자산대부관리 유한회사
채 무 자 :   ○   ○   ○

위 당사자 간 물품대금 청구의 독촉사건에 대하여 채무자는 아래와 같이 답변서를 제출합니다.

신청취지에 대한 답변

1. 채권자의 청구를 기각한다.

2. 독촉절차비용 및 소송비용은 채권자의 부담으로 한다.

　라는 재판을 구합니다.

신청이유에 대한 답변

1. 채권자는 소외 ○○건강식품이 포기한 권리 즉 소멸시효가 이미 완성된 물품 대금을 청구한 것으로써 채권자가 일방적으로 주장하는 ○○○○. ○○. ○○. 부터 연체하였으므로 연체 일을 기산일의 시작일로 보더라도 이는 민법 제 163조(3년의 단기소멸시효) 제6호에서 정한 법률에 의거하여 채권자가 이 사 건 지급명령을 신청한 ○○○○. ○○. ○○.까지는 3년이 경과되어 이미 소멸 시효가 완성되었으므로 위 물품대금은 더 이상 채무자에게 신청취지의 금원 을 청구할 수 없음에도 불구하고 채권자는 법을 악용하여 불법적인 방법으로 지금까지 채무자에게 신청취지의 금원을 변제하라며 귀원에 이건 지급명령을 신청한 것입니다.

2. 따라서 채권자의 위 물품대금은 채권자가 아닌 소외 ○○건강식품으로부터 채무자가 할부로 구입한 것인데 채권자는 자신의 신분 및 판매자간의 채권양도, 양수에 따른 계약사실을 채무자에게 명확하게 소명하거나 채권양도의 통지도 없이 신청취지의 금원만 변제할 것을 주장하고 있습니다.

3. 채무자는 ○○○○. ○○. ○○. 소외 ○○건강식품으로부터 물품을 구입하였으나 채무자는 당시 미성년자의 신분이었기 때문에 부모님의 동의와 승낙이 있어야 함을 소외 ○○건강식품에게 알렸으나 소외 ○○건강식품은 이러한 절차를 거치지 않아도 괜찮다는 말로 추후 문제가 되었을 시 지체 없이 당해 물품을 반품처리해 주겠다고 하여 구입한 것입니다.

4. 그러나 채무자는 부모님의 반대로 부득이 위 물품을 반품하고자 하였으나 소외 ○○건강식품은 판매 당시와는 전혀 다른 주장으로 일관해 오다가 그 무렵 아예 통화를 회피하는 바람에 위 물품을 반품하지 못하였습니다.

5. 채무자로서는 소외 ○○건강식품이 반품을 하지 않았던 상황에서 채권자에게 물품대금을 양도하였다는 전제에서 채무자에게 물품대금을 청구하는 이건 지급명령은 부당하고 설사 위 물품대금의 지급의무가 있다 하더라도 위 물품대금을 연체한 ○○○○. ○○. ○○.부터 채권자가 이 사건 지급명령을 신청한 ○○○○. ○○. ○○.까지는 이미 3년이 경과되어 소멸시효가 완성된 것이므로 채권자의 이 사건 지급명령신청은 기각되어야 할 것입니다.

소명방법 및 첨부서류

1. 소 을제1호증   부채증명서(부채내역서)

○○○○ 년 ○○ 월 ○○ 일

위 채무자 : ○ ○ ○ (인)

수원지방법원 안산지원 귀중

(5) 소멸시효가 완성된 지급명령에 대한 답변서 - 대부업체가 대여금의 보증채무자에게 청구한 지급명령에 대하여 이의신청을 하고 주 채무가 이미 5년이 경과되어 소멸시효가 완성된 것이므로 청구기각을 구하는 답변서 최신서식

답 변 서

사 건 번 호 :   ○○○○차전○○○○호   보증채무금 독촉사건

채 권 자 :   주식회사   ○○자산관리대부

채 무 자 :   ○   ○   ○

○○○○ 년 ○○ 월 ○○ 일

위 채무자 : ○ ○ ○   (인)

창원지방법원 거창지원 함양군법원 귀중

답 변 서

사건번호 : ○○○○차전○○○○호 보증채무금
채 권 자 : ○   ○   ○
채 무 자 : ○   ○   ○

위 당사자 간 보증채무금 청구의 독촉사건에 대하여 채무자는 아래와 같이 답변서를 제출합니다.

신청취지에 대한 답변

1. 채권자의 청구를 기각한다.

2. 독촉절차비용 및 소송비용은 채권자의 부담으로 한다.

    라는 재판을 구합니다.

신청이유에 대한 답변

1. 채권자의 주장요지

채권자는 채무자가 ○○○○. ○○. ○○. 신청 외 ○○○가 신청 외 주식회사 ○○상호저축은행에 대출금 ○○,○○○,○○○원을 대출 신청하였고, 위 ○○상호저축은행의 대출거래에 연대보증을 하였으므로 청구취지와 같은 금원을 신청 외 주식회사 ○○상호저축은행으로부터 그 무렵 채권양수 한 채권자에게 지급할 의무가 있다고 주장하고 있습니다.

2. 소멸시효완성

가. 소멸시효 진행의 기산점

채무자의 연대보증채무는 주 채무인 채무자 ○○○의 주 채무가 소멸시효가 완성되어 소멸되면 채무자의 연대보증채무도 함께 소멸됩니다.

주 채무자인 ○○○의 소멸시효 기산점은 위 대출약정일인 ○○○○. ○○. ○○.로부터 대출기간 300일이 지난 ○○○○. ○○. ○○.입니다.(대출약정서 소 을 제1호증 참조)

나. 소멸시효기간

주 채무자 ○○○의 채무는 상사채무이므로 이 사건 소멸시효 기간은 상법 제54조에 의한 5년입니다.

다. 소 결

그렇다면 이 사건 채권자의 채무자에 대한 연대보증채무는 주 채무자 ○○○의 대출금 ○○○○. ○○. ○○.부터 300일이 지난 ○○○○. ○○. ○○. 일을 연체일로 기간하더라도 이 사건 채권자가 채무자에게 청구한 지급명령을 신청한 ○○○○. ○○. ○○.까지는 이미 5년이 경과되어 소멸시효가 완성됨으로써 소멸하였으므로 채권자의 청구는 이유가 없습니다.

결 론

이 사건 주 채무자 ○○○의 주 채무는 ○○○○. ○○. ○○.연체되어 5년이 경과된 ○○○○. ○○. ○○.경 소멸시효가 완성되어 소멸하였으므로, 위 주 채무에 연대보증한 채무자의 연대보증채무도 함께 소멸하였습니다.

따라서 채권자의 채무자에 대한 이 사건 청구는 이유가 없으므로 기각하여 주시기 바랍니다.

소명자료 및 첨부서류

1. 을 제1호증   대출약정서

○○○○ 년 ○○ 월 ○○ 일

위 채무자 : ○ ○ ○   (인)

창원지방법원 거창지원 함양군법원 귀중

관련판례

대여금

[대법원 2001. 2. 23. 선고 2000다65864 판결]

【판시사항】

[1] 구 상호신용금고법상의 동일인 대출한도를 회피하기 위하여 상호신용금고의 양해하에 형식상 제3자 명의를 빌려 체결된 대출약정의 효력(무효)

[2] 객관적으로는 수건의 미변제 대출금 채무 중 일부의 변제이지만 주관적으로는 수건의 채무 전부를 변제한다는 의사가 있었던 경우, 이는 채무 전부에 대한 승인에 해당한다고 본 사례

【판결요지】

[1] 동일인에 대한 대출액 한도를 제한한 구 상호신용금고법(1995. 1. 5. 법률 제4867호로 개정되기 전의 것) 제12조의 적용을 회피하기 위하여 실질적인 주채무자가 실제 대출받고자 하는 채무액에 대하여 제3자를 형식상의 주채무자로 내세우고, 상호신용금고도 이를 양해하여 제3자에 대하여는 채무자로서의 책임을 지우지 않을 의도하에 제3자 명의로 대출관계서류를 작성받은 경우에는, 제3자는 형식상의 명의만을 빌려 준 자에 불과하고 그 대출계약의 실질적인 당사자는 상호신용금고와 실질적 주채무자이므로, 제3자 명의로 되어 있는 대출약정은 상호신용금고의 양해하에 그에 따른 채무부담 의사 없이 형식적으로 이루어진 것에 불과하여 통정허위표시에 해당하는 무효의 법률행위이다.

[2] 채무자가 수건의 대출금 채무 중 변제되지 않고 있는 모든 채무를 변제한다는 의사로 채권자에게 잔존 채무를 정산해 달라고 하였는데, 채권자의 실수로 일부의 채무를 제외한 나머지 대출금 채무만이 남아 있는 것처럼 정산하여 채무자가 위 나머지 채무가 남아 있는 전채무인 것으로 알고 이를 변제한 경우, 채무자로서는 채권자가 제외된 채무까지 포함하여 정산하고 이를 잔존 채무로 제시하였다 하더라도 당연히 변제하였을 것이므로, 채무자의 행위는 정산된 채무만이 전채무이고 그 이상의 채무는 존재하지 아니 한다는 인식을 표시하거나 특정채무를 지정하여 그 일부의 변제를 한 것이 아니라, 당시 자신이 부담하고 있던 모든 채무를 그대로 인정한다는 관념을 표시한 것으로 본 사례

대여금

[대전고법 2004. 12. 15. 선고 2004나7109 판결 : 확정]

【판시사항】

[1] 주채무자에 대하여 시효중단의 효력을 갖기 위한 경매개시결정의 통지방법

[2] 구 금융기관의연체대출금에관한특별조치법이 적용되는 금융기관의 신청에 의하여 진행된 임의경매절차가 종료된 경우, 경매개시결정이나 경매기일통지서가 주채무자에게 교부송달된 것으로 추정할 수 있는지 여부(소극)

【판결요지】

[1] 민법 제176조의 규정에 따라 이해관계인인 주채무자에게 임의경매절차에 관한 압류사실이 통지되었다고 보아 시효중단의 효력을 인정하려면, 그 압류사실을 주채무자가 알 수 있도록 경매개시결정이나 경매기일통지서가 교부송달의 방법으로 주채무자에게 송달되어야만 한다.

[2] 구 금융기관의연체대출금에관한특별조치법(1999. 1. 29. 법률 제5693호로 폐지)이 적용되는 금융기관의 신청에 의하여 진행하는 임의경매절차에 있어서는 같은 법 제3조에 따라 경매개시결정이나 경매기일통지서를 경매신청 당시 그 부동산의 등기부에 기재되어 있는 주소로 발송함으로써 송달된 것으로 보고 또 그 부동산의 등기부에 주소의 기재가 없거나 주소를 법원에 신고하지 아니한 때에는 공시송달의 방법에 의하여 송달할 수 있으므로, 위 임의경매절차가 종료되었다는 사정만으로는 위 임의경매절차에서 경매개시결정이나 경매기일통지서가 우편송달(발송송달)이나 공시송달의 방법이 아닌 교부송달의 방법으로 주채무자에게 송달되었다고 추정할 수 없다.

양수금

[대법원 2008. 3. 14. 선고 2006다2940 판결]

【판시사항】

[1] 금전채권의 원금 일부가 변제된 후 나머지 부분에 대하여 소멸시효가 완성된 경우, 시효완성의 효력이 미치는 이자 또는 지연손해금의 범위

[2] 은행의 대출금채권에 대한 지연손해금의 소멸시효기간(=5년)

[3] 원고의 청구를 일부 인용한 제1심판결에 대하여 원고만 패소부분에 대하여 항소하고, 피고가 항소나 부대항소를 제기하지 않아 원고 승소부분이 확정된 경우, 원고가 이에 대한 상고의 이익을 가지는지 여부(소극)

【판결요지】

[1] 이자 또는 지연손해금은 주된 채권인 원본의 존재를 전제로 그에 대응하여 일정한 비율로 발생하는 종된 권리인데, 하나의 금전채권의 원금 중 일부가 변제된 후 나머지 원금에 대하여 소멸시효가 완성된 경우, 가분채권인 금전채권의 성질상 변제로 소멸한 원금 부분과 소멸시효 완성으로 소멸한 원금 부분을 구분하는 것이 가능하고, 이 경우 원금에 종속된 권리인 이자 또는 지연손해금 역시 변제로 소멸한 원금 부분에서 발생한 것과 시효완성으로 소멸된 원금 부분에서 발생한 것으로 구분하는 것이 가능하므로, 소멸시효 완성의 효력은 소멸시효가 완성된 원금 부분으로부터 그 완성 전에 발생한 이자 또는 지연손해금에는 미치나, 변제로 소멸한 원금 부분으로부터 그 변제 전에 발생한 이자 또는 는 지연손해금에는 미치지 않는다.

[2] 은행이 영업행위로서 한 대출금에 대한 변제기 이후의 지연손해금은 그 원본채권과 마찬가지로 상행위로 인한 채권으로서 5년의 소멸시효를 규정한 상법 제64조가 적용된다.

[3] 원고의 청구를 일부 인용한 제1심판결에 대하여 원고만이 그 패소 부분에 대한 항소를 제기하고 피고는 항소나 부대항소를 제기하지 않은 경우, 제1심판결 중 원고 승소 부분은 항소심의 심판대상에서 제외됨으로써 항소심판결의 선고와 동시에 확정되는 것이고, 원고가 위와 같이 승소 확정된 부분에 대하여 상고를 제기하였다면 상고의 이익이 없어 부적법하다.

근저당권설정등기말소등기청구

[대법원 2010. 9. 9. 선고 2010다28031 판결]

【판시사항】

[1] 사채(社債)의 상환청구권에 대한 지연손해금의 소멸시효기간(=10년) 및 사채의 이자에 대한 지연손해금의 소멸시효기간(=5년)

[2] 첫 경매개시결정등기 전에 등기되었고 매각으로 소멸하는 저당권을 가진 채권자가 다른 채권자의 신청에 의하여 개시된 경매절차에서 채권신고를 한 경우 그 채권신고에 소멸시효 중단의 효력이 있는지 여부(적극) 및 경매신청이 취하되면 위 채권신고로 인한 소멸시효 중단의 효력이 소멸하는지 여부(적극)

[3] 첫 경매개시결정등기 전에 등기되었고 매각으로 소멸하는 저당권을 가진 채권자가 다른 채권자의 신청에 의하여 개시된 경매절차에서 채권신고를 한 경우 그 채권신고에 소멸시효 중단 사유인 '최고'의 효력이 인정되는지 여부(소극) 및 그 경매신청 취하 후 6월 내에 위 채권자가 재판상 청구를 하면 민법 제170조 제2항에 의하여 소멸시효 중단의 효력이 유지되는지 여부(소극)

【판결요지】

[1] 금전채무에 대한 변제기 이후의 지연손해금은 금전채무의 이행을 지체함으로 인한 손해의 배상으로 지급되는 것이므로, 그 소멸시효기간은 원본채권의 그것과 같다. 한편, 상법 제487조 제1항에 "사채의 상환청구권은 10년간 행사하지 아니하면 소멸시효가 완성한다.". 같은 조 제3항에 "사채의 이자와 전조 제2항의 청구권은 5년간 행사하지 아니하면 소멸시효가 완성한다."고 규정하고 있고, 이미 발생한 이자에 관하여 채무자가 이행을 지체한 경우에는 그 이자에 대한 지연손해금을 청구할 수 있으므로, 사채의 상환청구권에 대한 지연손해금은 사채의 상환청구권과 마찬가지로 10년간 행사하지 아니하면 소멸시효가 완성하고, 사채의 이자에 대한 지연손해금은 사채의 이자와 마찬가지로 5년간 행사하지 아니하면 소멸시효가 완성한다.

[2] 저당권으로서 첫 경매개시결정등기 전에 등기되었고 매각으로 소멸하는 것을 가진 채권자는 담보권을 실행하기 위한 경매신청을 할 수 있을뿐더러 다른 채권자의 신청에 의하여 개시된 경매절차에서 배당요구를 하지 않아도 당연히 배당에 참가할 수 있는데, 이러한 채권자가 채권의 유무, 그 원인 및 액수를 법원에 신고하여 권리를 행사하였다면 그 채권신고는 민법 제168조 제2호의 압류에 준하는 것으로서 신고된 채권에 관하여 소멸시효를 중단하는 효력이 생긴다. 그러나 민법 제175조에 "압류, 가압류 및 가처분은 권리자의 청구에 의하여 또는 법률의 규정에 따르지 아니함으로 인하여 취소된 때에는 시효중단의 효력이 없다."고 규정하고, 민사집행법 제93조 제1항에 "경매신청이 취하되면 압류의 효력은 소멸된다."고 규정하고 있으므로 경매신청이 취하되면 특별한 사정이 없는 한 압류로 인한 소멸시효 중단의 효력이 소멸하는 것과 마찬가지로 위와 같이 첫 경매개시결정등기 전에 등기되었고 매각으로 소멸하는 저당권을 가진 채권자의 채권신고로 인한 소멸시효 중단의 효력도 소멸한다.

[3] 저당권으로서 첫 경매개시결정등기 전에 등기되었고 매각으로 소멸하는 것을 가진 채권자가 다른 채권자의 신청에 의하여 개시된 경매절차에서 채권신고를 하였다고 하더라도 그 채권신고에 채무자에 대하여 채무의 이행을 청구하는 의사가 직접적으로 표명되어 있다고 보기 어렵고 채무자에 대한 통지 절차도 구비되어 있지 않으므로 별도로 소멸시효 중단 사유인 최고의 효력은 인정되지 않고, 경매신청이 취하된 후 6월내에 위와 같은 채권신고를 한 채권자가 소제기 등의 재판상의 청구를 하였다고 하더라도 민법 제170조 제2항에 의하여 소멸시효 중단의 효력이 유지된다고 할 수 없다.

부당이득금

[대법원 2014. 7. 24. 선고 2013다214871 판결]

【판시사항】

[1] 일방적 상행위로 인한 채권이 상법 제64조의 상사소멸시효가 적용되는 상사채권에 해당하는지 여부(적극) 및 상행위로 인한 채권뿐만 아니라 이에 준하는 채권도 상법 제64조가 적용 또는 유추적용되는지 여부(적극)

[2] 甲 은행으로부터 대출받으면서 근저당권설정비용 등을 부담한 채무자 乙 등이 그 비용 등 부담의 근거가 된 약관 조항이 구 약관의 규제에 관한 법률 제6조에 따라 무효라고 주장하면서 비용 등 상당액의 부당이득 반환을 구한 사안에서, 위 부당이득 반환채권은 상법 제64조가 적용되어 소멸시효가 5년이라고 한 사례

[3] 甲 은행이 乙 등에게 부동산담보 대출을 하면서 가산금리 적용 등과 결부시켜 '근저당권설정비용의 부담에 관하여 항목별로 제시된 세 개의 난 중 하나에 √표시를 하는 방법으로 비용을 부담한다'는 취지의 조항이 포함된 근저당권설정계약서 등을 사용하고, 乙 등이 위 조항에 따른 선택 등으로 근저당권설정비용을 부담한 사안에서, 乙 등의 비용 부담이 개별약정에 따른 것이라고 본 원심판결에 법리오해 등 위법이 있다고 한 사례

[4] 약관 조항이 고객에 대하여 부당하게 불리한 조항으로서 '신의성실의 원칙에 반하여 공정을 잃은 약관 조항'이라는 이유로 무효라고 보기 위한 요건과 판단 기준

[5] 甲 은행이 乙 등에게 부동산담보 대출을 하면서 가산금리 적용 등과 결부시켜 '근저당권설정비용의 부담에 관하여 항목별로 제시된 세 개의 난 중 하나에 √표시를 하는 방법으로 비용을 부담한다'는 취지의 조항이 포함된 근저당권설정계약서 등을 사용하여 계약을 체결한 사안에서, 위 조항이 고객에게 부당하게 불이익을 주는 약관 조항으로서 구 약관의 규제에 관한 법률 제6조 제1항에 의하여 무효가 된다고 보기 부족하다고 한 사례

대여금

[서울서부지법 2015. 9. 10. 선고 2014나4907 판결 : 확정]

【판시사항】

[1] 새마을금고가 비회원에게 자금을 대출하고 이자를 수취하는 행위가 상행위에 해당하는지 여부(적극) / 새마을금고의 회원에 대한 대출행위가 상행위에 해당하는지 여부(한정 적극) 및 상행위에 해당하는 경우 그로 인하여 발생하는 대출금채권의 소멸시효기간(=5년)

[2] 甲 새마을금고가 乙 등의 연대보증 아래 丙에게 가계일반자금대출을 하였으나 丙이 상환기일이 지나서도 대출금을 변제하지 못하자 丙을 상대로 대출원리금 등의 지급을 구한 사안에서, 甲 금고의 대출행위는 금고의 회원에 대한 대출행위라는 외양을 빌렸으나 실질은 영리를 목적으로 하는 상행위에 해당하므로, 대출원리금채권은 상사채권에 해당하여 5년의 소멸시효기간이 적용된다고 한 사례

【판결요지】

[1] 새마을금고는 우리나라 고유의 상부상조정신에 입각하여 자금의 조성 및 이용과 회원의 경제적·사회적·문화적 지위의 향상 및 지역사회개발을 통한 건전한 국민정신의 함양과 국가경제발전에 기여함을 목적으로 하는 비영리법인이므로 새마을금고가 금고의 '회원'에게 자금을 대출하는 행위는 '일반적으로는' 영리를 목적으로 하는 행위라고 보기 어렵다. 그러나 비영리법인이라 하더라도 목적을 수행하는 데 필요 또는 유익한 수단으로서의 영업, 즉 영리를 목적으로 계속·반복적으로 동종의 행위를 할 수 있고 이러한 범위에서 비영리법인도 부수적으로 상인자격을 취득할 수 있는바, 비영리법인인 새마을금고도 목적을 달성하기 위하여 영업을 할 수 있고, 새마을금고법 제30조도 일정한 범위에서 비회원에게도 새마을금고의 신용사업 등을 이용하게 할 수 있다고 규정하여 가능성을 열어두고 있다. 새마을금고가 위 조항에 따라 비회원에게 자금을 대출하고 이자를 수취하는 행위는 영업으로 상법 제46조 제8호의 '수신, 여신, 환 기타의 금융거래'를 하는 경우에 해당하여 상행위에 해당하고, 회원에 대한 대출행위라 하더라도 회원이 상인이거나, 당해 회원의 자격, 출자 대비 대출규모, 대출이자율, 대출금의 사용처 등 제반 사정에 비추어 새마을금고의 목적을 넘어 영리성이 인정되는 특별한 경우에는 상행위에 해당하며, 그로 인하여 발생하는 대출금채권은 상사채권으로서 상법 제64조에서 정한 5년의 소멸시효기간이 적용된다.

[2] 甲 새마을금고가 乙 등의 연대보증 아래 丙에게 가계일반자금대출을 하였으나 丙이 상환기일이 지나서도 대출금을 변제하지 못하자 丙을 상대로 대출원리금 등의 지급을 구한 사안에서, 대출금이 丙에 대한 가계자금대출의 외관을 갖추고 있지만 실질은 乙이 대표이사로 있는 건설회사의 아파트 등 신축공사에 대한 계획대출이고, 실질적 채무자는 상인인 乙 등으로 보이는 점 등에 비추어, 甲 금고의 대출행위는 금고의 회원에 대한 대출행위라는 외양을 빌렸으나 실질은 영리를 목적으로 하는 상행위에 해당하므로, 그로 인하여 발생한 대출원리금채권은 상사채권에 해당하여 5년의 소멸시효기간이 적용된다고 한 사례.

추심금·추심금

[대법원 2016. 3. 24. 선고 2014다13280,13297 판결]

【판시사항】

채권자가 1개의 채권 중 일부에 대하여 가압류·압류를 하였는데 채권의 일부만 소멸시효가 중단되고 나머지 부분은 이미 시효로 소멸한 경우, 가압류·압류의 효력이 시효로 소멸하지 않고 잔존하는 채권 부분에 계속 미치는지 여부(적극)

【판결요지】

채권자가 1개의 채권 중 일부에 대하여 가압류·압류를 하는 취지는 1개의 채권 중 어느 특정 부분을 지정하여 가압류·압류하는 등의 특별한 사정이 없는 한 가압류·압류 대상 채권 중 유효한 부분을 가압류·압류함으로써 향후 청구금액만큼 만족을 얻겠다는 것이므로, 1개의 채권의 일부에 대한 가압류·압류는 유효한 채권 부분을 대상으로 한 것이고, 유효한 채권 부분이 남아 있는 한 거기에 가압류·압류의 효력이 계속 미친다. 따라서 1개의 채권 중 일부에 대하여 가압류·압류를 하였는데, 채권의 일부에 대하여만 소멸시효가 중단되고 나머지 부분은 이미 시효로 소멸한 경우, 가압류·압류의 효력은 시효로 소멸하지 않고 잔존하는 채권 부분에 계속 미친다.

대여금

[대법원 2018. 5. 15. 선고 2016다211620 판결]

【판시사항】

[1] 주채무에 대한 소멸시효가 완성된 경우, 보증채무의 부종성에 따라 보증채무 역시 당연히 소멸하는지 여부(원칙적 적극) / 이때 예외적으로 보증채무의 부종성을 부정하기 위한 요건 및 보증인이 주채무의 시효소멸에 원인을 제공하였다는 것만으로 보증채무의 부종성을 부정할 수 있는지 여부(소극)

[2] 상가 분양자인 甲 주식회사가 乙 은행과 수분양자들에 대한 중도금 대출에 관하여 대출 업무약정을 체결하면서 수분양자들의 대출금 채무를 연대보증하기로 하였고, 이에 따라 수분양자인 丙의 乙 은행에 대한 대출금 채무의 연대보증인이 되었는데, 甲 회사가 乙 은행에 주채무자인 수분양자들의 개별 동의 없이 대출의 만기연장을 요청하면서 그로 인하여 발생하는 모든 문제를 책임지기로 하였고, 그 후 甲 회사가 丙과 분양계약을 합의해제하면서 대출금의 상환을 책임지기로 약정하였으나, 대출금을 상환하지 아니한 채 계속하여 만기를 연장하면서 이자만을 납부하였으며, 乙 은행은 丙에 대하여 시효중단 등의 조치를 취하지 아니하여 丙의 대출금 채무가 시효완성된 사안에서, 보증채무의 부종성을 부정하여야 할 특별한 사정이 있다고 보아 甲 회사가 주채무의 시효소멸을 이유로 보증채무의 소멸을 주장할 수 없다고 본 원심판결에 법리오해 등의 잘못이 있다고 한 사례

【판결요지】

[1] 보증채무에 대한 소멸시효가 중단되는 등의 사유로 완성되지 아니하였다고 하더라도 주채무에 대한 소멸시효가 완성된 경우에는 시효완성의 사실로 주채무가 소멸되므로 보증채무의 부종성에 따라 보증채무 역시 당연히 소멸되는 것이 원칙이다.

다만 보증채무의 부종성을 부정하여야 할 특별한 사정이 있는 경우에는 예외적으로 보증인은 주채무의 시효소멸을 이유로 보증채무의 소멸을 주장할 수 없으나, 특별한 사정을 인정하여 보증채무의 본질적인 속성에 해당하는 부종성을 부정하려면 보증인이 주채무의 시효소멸에도 불구하고 보증채무를 이행하겠다는 의사를 표시하거나 채권자와 그러한 내용의 약정을 하였어야 하고, 단지 보증인이 주채무의 시효소멸에 원인을 제공하였다는 것만으로는 보증채무의 부종성을 부정할 수 없다.

[2] 상가 분양자인 甲 주식회사가 乙 은행과 수분양자들에 대한 중도금 대출에 관하여 대출 업무약정을 체결하면서 수분양자들의 대출금 채무를 연대보증하기로 하였고, 이에 따라 수분양자인 丙의 乙 은행에 대한 대출금 채무의 연대보증인이 되었는데, 甲 회사가 乙 은행에 주채무자인 수분양자들의 개별 동의 없이 대출의 만기연장을 요청하면서 그로 인하여 발생하는 모든 문제를 책임지기로 하였고, 그 후 甲 회사가 丙과 분양계약을 합의해제하면서 대출금의 상환을 책임지기로 약정하였으나, 대출금을 상환하지 아니한 채 계속하여 만기를 연장하면서 이자만을 납부하였으며, 乙 은행은 丙에 대하여 시효중단 등의 조치를 취하지 아니하여 丙의 대출금 채무가 시효완성된 사안에서, 甲 회사는 수분

양자들과 다수의 분양계약을 체결하고 수분양자들이 주채무자인 대출금 채무에 관하여 연대보증을 하였으므로, 甲 회사가 乙 은행과 주채무자의 동의를 받지 아니한 채 대출만기를 연장하면서 그로 인하여 발생한 문제에 대하여 책임지기로 한 것은 주채무가 시효소멸해도 보증채무를 이행하겠다는 의사를 표시한 것이라기보다는 일괄적인 업무처리의 편의를 위한 것으로 볼 여지가 있고, 甲 회사가 분양계약을 해제하면서 丙에 대하여 대출금의 상환을 책임지기로 한 것을 채권자인 乙 은행에 대한 의사표시로 보기 어려울 뿐만 아니라, 그 밖에 甲 회사가 乙 은행에 丙의 동의 없는 대출만기의 연장을 요청하였고, 분양계약이 해제된 후에도 계속하여 만기를 연장하면서 대출금의 이자를 납부하였으며, 이에 따라 乙 은행이 丙에 대하여 채권회수 등을 위한 조치를 취하지 아니하여 주채무의 소멸시효가 완성되는 등으로 甲 회사가 주채무의 시효소멸에 원인을 제공하였다는 사정만으로는 보증채무의 부종성을 부정할 수 없는데도, 보증채무의 부종성을 부정하여야 할 특별한 사정이 있다고 보아 甲 회사가 주채무의 시효소멸을 이유로 보증채무의 소멸을 주장할 수 없다고 본 원심판결에 법리오해 등의 잘못이 있다고 한 사례.

수수료반환

[대법원 2021. 8. 19. 선고 2018다258074 판결]

【판시사항】

상행위인 계약의 무효로 인한 부당이득반환청구권의 소멸시효기간(=10년) / 부당이득반환청구권이 상행위인 계약에 기초하여 이루어진 급부 자체의 반환을 구하는 것으로서 법률관계를 상거래 관계와 같은 정도로 신속하게 해결할 필요성이 있는 경우, 5년의 상사 소멸시효기간이 적용되는지 여부(적극) / 이러한 법리는 실제로 발생하지 않은 보험사고의 발생을 가장하여 청구·수령된 보험금 상당 부당이득반환청구권의 경우에도 마찬가지로 적용할 수 있는지 여부(적극)

【판결요지】

상행위인 계약의 무효로 인한 부당이득반환청구권은 민법 제741조의 부당이득 규정에 따라 발생한 것으로서 특별한 사정이 없는 한 민법 제162조 제1항이 정하는 10년의 민사 소멸시효기간이 적용되나, 부당이득반환청구권이 상행위인 계약에 기초하여 이루어진 급부 자체의 반환을 구하는 것으로서 채권의 발생 경위나 원인, 당사자의 지위와 관계 등에 비추어 법률관계를 상거래 관계와 같은 정도로 신속하게 해결할 필요성이 있는 경우 등에는 상법 제64조가 유추적용되어 같은 조항이 정한 5년의 상사 소멸시효기간에 걸린다. 이러한 법리는 실제로 발생하지 않은 보험사고의 발생을 가장하여 청구·수령된 보험금 상당 부당이득반환청구권의 경우에도 마찬가지로 적용할 수 있다.

손해배상(기)

[서울고법 2021. 12. 9. 선고 2021나2003166 판결 : 상고]

【판시사항】

甲이 임의경매절차에서 매수한 토지 및 지상 건물에 채무자를 甲과 乙로 하는 수산업협동조합중앙회 명의의 근저당권설정등기가 마쳐졌다가, 이후 채무자를 乙로 하는 丙 은행 명의의 근저당권설정등기가 마쳐지면서 수산업협동조합중앙회 명의의 근저당권설정등기가 말소되었고, 다시 丁이 乙의 부탁에 따라 대출을 받을 때 채무자를 丁으로 하는 戊 새마을금고 명의의 근저당권설정등기가 마쳐지면서 丙 은행 명의의 근저당권설정등기가 말소되었는데, 그 후 戊 새마을금고가 임의경매를 신청하여 경매절차에서 1순위 근저당권자로 배당을 받았는데도 여전히 대출원리금 채무가 남아 있게 되자, 丁이 乙을 상대로 '乙이 丁에게 대출을 부탁하면서 대출금 채무는 乙이 책임지고 변제하여 丁에게 아무런 손해가 발생하지 않도록 하겠다.'고 약정하였는데도 이를 지키지 않았다며 손해배상을 구한 사안에서, 乙이 丁에게 위와 같은 약정을 한 사실은 인정되나, 乙의 약정 불이행으로 丁에게 대출원리금 상당의 손해가 현실적으로 발생하였다고는 인정하기 부족하다고 한 사례

【판결요지】

甲이 임의경매절차에서 매수한 토지 및 지상 건물에 채무자를 甲과 乙로 하는 수산업협동조합중앙회 명의의 근저당권설정등기가 마쳐졌다가, 이후 위 건물에 관한 리모델링공사가 진행될 때 채무자를 乙로 하는 丙 은행 명의의 근저당권설정등기가 마쳐지면서 수산업협동조합중앙회 명의의 근저당권설정등기가 말소되었고, 다시 丁이 乙의 부탁에 따라 위 리모델링공사의 추가 공사대금 등을 마련하기 위해 戊 새마을금고로부터 대출을 받을 때 채무자를 丁으로 하는 戊 새마을금고 명의의 근저당권설정등기가 마쳐지면서 丙 은행 명의의 근저당권설정등기가 말소되었는데, 그 후 위 토지와 지상 건물에 관한 소유권이전등기가 己 의료법인 앞으로 마쳐진 상태에서 戊 새마을금고가 위 근저당권에 기한 임의경매를 신청하여 경매절차에서 1순위 근저당권자로 배당을 받았는데도 여전히 대출원리금 채무가 남아 있게 되자, 丁이 乙을 상대로 '乙이 丁을 주채무자로 하는 대출을 부탁하면서 대출금 채무는 乙이 책임지고 변제하여 丁에게 아무런 손해가 발생하지 않도록 하겠다.'고 약정하였는데도 이를 지키지 않았다며 손해배상을 구한 사안이다.

乙이 丁에게 위와 같은 약정을 한 사실은 인정되나, 위 대출원리금 채무는 丁이 대출금 채무의 주채무자가 됨으로써 발생한 것이지 乙이 약정을 불이행하여 발생한 것이 아니고, 乙의 약정 불이행으로 대출원리금 채무가 소멸하지 아니한 채 남아 있기는 하나 丁이 채권자에게 이를 변제하지도 아니한 상태에서 바로 丁에게 대출원리금 상당의 재산상 손해가 현실적·확정적으로 발생하였다고 단정하기 어려운 점, 戊 새마을금고가 현재까지 丁에게 대출원리금의 상환을 청구하거나 대출원리금 채권의 보전을 위한 가압류 등의 조치를 취하지 않고 있는 점, 丁은 현재 신용불량 상태로서 대출금 채무를 변제할 자력이 없는 것으로 보이는 점, 위 대출금 채무는 상사채무로서 5년의 상사시효가 적용되는데 戊 새마을금고가 시효중단조치를 취하지 않아 소멸시효가 완성될 가능성도 있는 점, 丁은 위 대출금 채무의 실질상 주채무자인 乙에 대하여 수탁보증인에 준하는 지위에서 민법상 사전구상권을 갖는

다고 봄이 상당한데, 乙이 약정을 불이행하여 대출금 채무가 소멸하지 아니한 것만으로 바로 대출원리금 상당의 손해배상책임을 부담한다고 해석하는 것은 민법 제443조에서 정한 주채무자의 항변권을 무력화시키는 것이어서 부당한 점 등 제반 사정에 비추어 보면, 乙의 약정 불이행으로 丁에게 대출원리금 상당의 손해가 현실적으로 발생하였다고는 인정하기 부족하다고 한 사례이다.

손해배상

[대법원 2022. 7. 14. 선고 2019다271661 판결]

【판시사항】

[1] 투자 관련 계약에서 당사자 일방이 상대방에게 자신이 보유한 주식의 매수를 청구하면 주식에 관한 매매계약이 체결되는 것으로 정한 경우, 이러한 주식매수청구권의 법적 성질(=형성권) / 이와 같은 주식매수청구권의 행사기간이 제척기간인지 여부(적극) 및 행사기간에 관한 약정이 없는 경우, 주식매수청구권의 행사기간을 정하는 기준

[2] 상행위인 투자 관련 계약에서 투자자가 약정에 따라 투자를 실행하여 주식을 취득한 후 투자대상회사 등의 의무불이행이 있는 때에 투자자에게 다른 주주 등을 상대로 한 주식매수청구권을 부여하는 경우, 이러한 주식매수청구권은 5년의 제척기간이 지나면 소멸하는지 여부(적극) 및 그 행사기간은 투자대상회사 등의 의무불이행이 있는 때부터 기산하는지 여부(원칙적 적극)

【판결요지】

[1] 투자 관련 계약에서 당사자 일방이 상대방에게 자신이 보유한 주식의 매수를 청구하면 주식에 관한 매매계약이 체결되는 것으로 정한 경우 이러한 주식매수청구권은 일방의 의사표시에 따라 매매계약이라는 새로운 법률관계를 형성하는 권리로서 일종의 형성권에 해당한다.

이와 같이 계약에 따라 발생하는 형성권인 주식매수청구권의 행사기간은 제척기간이다. 제척기간은 일반적으로 권리자로 하여금 자신의 권리를 신속하게 행사하도록 함으로써 법률관계를 조속히 확정하려는 데 그 제도의 취지가 있으나, 법률관계를 조속히 확정할 필요성의 정도는 그 권리를 정한 계약마다 다르므로, 주식매수청구권의 행사기간을 정할 때에도 이를 고려해야 한다. 우선 계약에서 주식매수청구권의 행사기간을 약정한 때에는 주식매수청구권은 그 기간 내에 행사되지 않으면 제척기간의 경과로 소멸한다. 반면 주식매수청구권의 행사기간에 관한 약정이 없는 때에는 그 기초가 되는 계약의 성격, 주식매수청구권을 부여한 동기나 그로 말미암아 달성하고자 하는 목적, 주식매수청구권 행사로 발생하는 채권의 행사기간 등을 고려하여 주식매수청구권의 행사기간을 정해야 한다.

[2] 상행위인 투자 관련 계약에서 투자자가 약정에 따라 투자를 실행하여 주식을 취득한 후 투자대상회사 등의 의무불이행이 있는 때에 투자자에게 다른 주주 등을 상대로 한 주식매수청구권을 부여하는 경우가 있다. 특히 주주 간 계약에서 정하는 의무는 의무자가 불이행하더라도 강제집행이 곤란하거나 그로 인한 손해액을 주장·증명하기 어려울 수 있는데, 이때 주식매수청구권 약정이 있으면 투자자는 주식매수청구권을 행사하여 상대방으로부터 미리 약정된 매매대금을 지급받음으로써 상대방의 의무불이행에 대해 용이하게 권리를 행사하여 투자원금을 회수하거나 수익을 실현할 수 있게 된다. 이러한 주식매수청구권은 상행위인 투자 관련 계약을 체결한 당사자가 달성하고자 하는 목적과 밀접한 관련이 있고, 그 행사로 성립하는 매매계약 또한 상행위에 해당하므로, 이때 주식매수청

구권은 상사소멸시효에 관한 상법 제64조를 유추적용하여 5년의 제척기간이 지나면 소멸한다고 보아야 한다.

한편 투자 관련 계약에서 투자대상회사 등의 의무불이행이 있는 때에 투자자가 형성권인 주식매수청구권을 행사할 수 있다고 정한 경우 특별한 사정이 없는 한 그 행사기간은 투자대상회사 등의 의무불이행이 있는 때부터 기산한다고 보아야 한다. 그렇지 않으면 행사기간이 지난 다음에 비로소 투자대상회사 등의 의무불이행이 있는 경우에 투자자가 주식매수청구권을 행사할 수 없게 되어 불합리하다.

추심금

[대법원 2022. 9. 29. 선고 2019다204593 판결]

【판시사항】

채무불이행에 따른 해제의 의사표시 당시에 이미 채무불이행의 대상이 되는 본래 채권이 시효가 완성되어 소멸한 경우, 채권자가 채무불이행을 이유로 한 해제권 및 이에 기한 원상회복청구권을 행사할 수 있는지 여부(원칙적 소극)

【판결요지】

이행불능 또는 이행지체를 이유로 한 법정해제권은 채무자의 채무불이행에 대한 구제수단으로 인정되는 권리이다. 따라서 채무자가 이행해야 할 본래 채무가 이행불능이라는 이유로 계약을 해제하려면 그 이행불능의 대상이 되는 채무자의 본래 채무가 유효하게 존속하고 있어야 한다.

민법 제167조는 "소멸시효는 그 기산일에 소급하여 효력이 생긴다."라고 정한다. 본래 채권이 시효로 인하여 소멸하였다면 그 채권은 그 기산일에 소급하여 더는 존재하지 않는 것이 되어 채권자는 그 권리의 이행을 구할 수 없는 것이고, 이와 같이 본래 채권이 유효하게 존속하지 않는 이상 본래 채무의 불이행을 이유로 계약을 해제할 수 없다고 보아야 한다. 결국 채무불이행에 따른 해제의 의사표시 당시에 이미 채무불이행의 대상이 되는 본래 채권이 시효가 완성되어 소멸하였다면, 채무자가 소멸시효의 완성을 주장하는 것이 신의성실의 원칙에 반하여 허용될 수 없다는 등의 특별한 사정이 없는 한, 채권자는 채무불이행 시점이 본래 채권의 시효 완성 전인지 후인지를 불문하고 그 채무불이행을 이유로 한 해제권 및 이에 기한 원상회복청구권을 행사할 수 없다.

구상금

[전주지법 2023. 5. 24. 선고 2022가단14761 판결 : 확정]

【판시사항】

甲이 乙 지역농업협동조합으로부터 대출을 받으면서 농업협동조합중앙회와 신용보증약정을 체결하였고, 그 후 甲이 대출금 이자의 지급을 연체하여 농업협동조합중앙회가 대출원리금을 대위변제하였는데, 10년이 훨씬 지난 뒤에 농업협동조합중앙회가 甲을 상대로 구상금 및 지연이자 등을 구하는 지급명령을 신청하자, 甲은 농업협동조합중앙회가 대위변제를 한 날부터 5년간 권리를 행사하지 않았다는 이유로 소멸시효가 완성되었다고 항변하고, 농업협동조합중앙회는 甲이 파산 신청을 하면서 소멸시효 완성일 이전에 농업협동조합중앙회로부터 채무잔액확인서를 발급받았으므로, 이는 채무승인이 되어 소멸시효가 중단되었다고 재항변한 사안에서, 위 구상금 채권은 상사채권이 아닌 민사채권으로서 그 소멸시효기간은 10년이라고 보아야 하는데, 甲이 소멸시효 완성 전에 농업협동조합중앙회에 부채증명서 발급을 의뢰하여 채무승인을 함으로써 위 구상금 채권의 소멸시효가 중단되었다고 한 사례

【판결요지】

甲이 乙 지역농업협동조합으로부터 대출을 받으면서 농업협동조합중앙회와 신용보증약정을 체결하였고, 그 후 甲이 대출금 이자의 지급을 연체하여 농업협동조합중앙회가 대출원리금을 대위변제하였는데, 10년이 훨씬 지난 뒤에 농업협동조합중앙회가 甲을 상대로 구상금 및 지연이자 등을 구하는 지급명령을 신청하자, 甲은 농업협동조합중앙회가 대위변제를 한 날부터 5년간 권리를 행사하지 않았다는 이유로 소멸시효가 완성되었다고 항변하고, 농업협동조합중앙회는 甲이 파산 신청을 하면서 소멸시효 완성일 이전에 농업협동조합중앙회로부터 채무잔액확인서를 발급받았으므로, 이는 채무승인이 되어 소멸시효가 중단되었다고 재항변한 사안에서, 농업협동조합중앙회에 설치된 농림수산업자 신용보증기금의 농림수산업자에 대한 신용보증 행위는 담보능력이 미약한 농림수산업자 등의 신용을 보증함으로써 농림수산업에 필요한 소요자금을 원활하게 마련할 수 있게 하여 농어촌 경제의 균형 있는 발전에 기여하게 함을 목적으로 제정된 농림수산업자 신용보증법에 따라 정부출연금 등을 재원으로 하여 이루어지는 것으로서 일반적으로 영리를 목적으로 하는 행위라고 보기 어려우므로, 위 기금이 보증채무의 이행에 따라 취득하는 구상금 채권은 상사채권이 아닌 민사채권으로서 그 소멸시효기간은 10년이라고 보아야 하는데, 甲이 위 구상금 채권의 소멸시효 완성 전에 농업협동조합중앙회에 파산 및 면책신청을 위하여 부채증명서의 발급을 의뢰하여 발급받은 사실을 인정할 수 있고, 甲이 농업협동조합중앙회에 부채증명서 발급을 의뢰한 행위는, 甲의 채무를 면하기 위하여 부채증명서 발급을 의뢰하였다 하여도 그 전제로 농업협동조합중앙회에 자신에 대한 권리가 있음을 알고 있다는 뜻을 표시한 행위에 해당하여, 위 발급 의뢰 행위는 소멸시효 중단사유가 되는 채무승인에 해당하므로, 甲이 농업협동조합중앙회에 부채증명서 발급을 의뢰하여 채무승인을 함으로써 위 구상금 채권의 소멸시효가 중단되었다고 한 사례이다.

파산선고

[대법원 2023. 11. 9. 자 2023마6582 결정]

【판시사항】

[1] 소멸시효 대상인 권리가 발생한 기본적 법률관계 또는 후속 법률관계에 관한 청구가 권리 실행의 의사를 표명한 것으로 볼 수 있는 경우, 시효중단 사유로서 재판상 청구에 포함되는지 여부(적극)

[2] 채무자 회생 및 파산에 관한 법률 제294조에 따른 채권자의 파산신청이 민법 제168조 제1호에서 정한 시효중단 사유인 재판상의 '청구'에 해당하는지 여부(적극)

【판결요지】

[1] 시효중단 사유로서 재판상의 청구에는 소멸시효 대상인 권리 자체의 이행청구나 확인청구를 하는 경우만이 아니라, 그 권리가 발생한 기본적 법률관계를 기초로 하여 재판의 형식으로 주장하는 경우 또는 그 권리를 기초로 하거나 그것을 포함하여 형성된 후속 법률관계에 관한 청구를 하는 경우에도 그로써 권리 실행의 의사를 표명한 것으로 볼 수 있을 때에는 이에 포함된다.

[2] 채무자에게 파산원인이 있는 경우 채권자는 채무자 회생 및 파산에 관한 법률(이하 '채무자회생법'이라 한다) 제294조에 따라 채무자에 대한 파산신청을 할 수 있다. 이는 파산채무자의 재산을 보전하여 공평하게 채권의 변제를 받는 재판절차를 실시하여 달라는 것으로서 채무자회생법 제32조에서 규정하고 있는 파산채권신고 등에 의한 파산절차참가와 유사한 재판상 권리 실행방법에 해당한다. 따라서 채무자회생법 제294조에 따른 채권자의 파산신청은 민법 제168조 제1호에서 정한 시효중단 사유인 재판상의 '청구'에 해당한다고 보아야 한다.

대여금청구의소

[대법원 2023. 12. 7. 선고 2020다225138 판결]

【판시사항】

영업양도인의 영업으로 인한 채무와 상호를 속용하는 영업양수인의 상법 제42조 제1항에 따른 채무의 관계(=부진정연대채무) 및 채권자가 영업양도가 이루어진 뒤 영업양도인을 상대로 소를 제기하여 확정판결을 받은 경우, 소멸시효 중단이나 소멸시효 연장의 효과가 상호를 속용하는 영업양수인에게도 미치는지 여부(소극)

【판결요지】

상법 제42조 제1항은 "영업양수인이 양도인의 상호를 계속 사용하는 경우에는 양도인의 영업으로 인한 제3자의 채권에 대하여 양수인도 변제할 책임이 있다."라고 정하고 있다. 이는 채무가 승계되지 아니함에도 상호를 계속 사용함으로써 영업양도의 사실 또는 영업양도에도 불구하고 채무의 승계가 이루어지지 않은 사실이 대외적으로 판명되기 어렵게 되어 채권자에게 채권 추구의 기회를 상실시키는 경우 상호를 속용하는 영업양수인에게도 변제의 책임을 지우기 위한 것이다.

상법 제42조 제1항에 기한 영업양수인의 책임은 당사자의 의사나 인식과 관계없이 발생하는 법정 책임으로서, 상호를 속용하는 영업양수인은 상법 제42조 제1항에 의하여 영업양도인의 채권자에 대한 영업상 채무를 중첩적으로 인수하게 된다.

영업양도인의 영업으로 인한 채무와 상호를 속용하는 영업양수인의 상법 제42조 제1항에 따른 채무는 같은 경제적 목적을 가진 채무로서 서로 중첩되는 부분에 관하여는 일방의 채무가 변제 등으로 소멸하면 다른 일방의 채무도 소멸하는 이른바 부진정연대의 관계에 있다.

따라서 채권자가 영업양도인을 상대로 소를 제기하여 확정판결을 받아 소멸시효가 중단되거나 소멸시효 기간이 연장된 뒤 영업양도가 이루어졌다면 그와 같은 소멸시효 중단이나 소멸시효 연장의 효과는 상호를 속용하는 영업양수인에게 미치지만, 채권자가 영업양도가 이루어진 뒤 영업양도인을 상대로 소를 제기하여 확정판결을 받았다면 영업양도인에 대한 관계에서 소멸시효가 중단되거나 소멸시효 기간이 연장된다고 하더라도 그와 같은 소멸시효 중단이나 소멸시효 연장의 효과는 상호를 속용하는 영업양수인에게 미치지 않는다.

근저당권말소

[대법원 2024. 3. 12. 선고 2021다309927 판결]

【판시사항】

[1] 일방적 상행위 또는 보조적 상행위로 인한 채권도 상법 제64조에 정한 상사 소멸시효가 적용되는 상사채권에 해당하는지 여부(적극) / 회사의 행위는 영업을 위하여 한 것으로 추정되는지 여부(적극) 및 이러한 추정을 번복하기 위한 증명책임의 소재(=회사의 행위가 영업을 위하여 한 것이 아니라고 주장하는 사람)

[2] 甲 주식회사가 도시개발사업의 사업시행대행자 및 시공사로 선정된 乙 주식회사로부터 사업권 일부를 얻을 목적으로 乙 회사의 대표이사 丙에게 위 사업의 사업비로 사용할 금전을 대여하였다가 乙 회사가 부도로 사업에서 배제된 후 파산선고를 받자, 丙 및 乙 회사의 공동대표이사 丁과 위 대여금 채권의 정산에 관한 내용이 포함된 금전소비대차계약을 체결하고, 丙, 丁이 戊 신탁회사에 신탁한 부동산에 관하여 甲 회사 명의의 근저당권설정등기를 마친 사안에서, 甲 회사의 금전소비대차계약 체결행위는 영업을 위하여 한 것으로 추정되고 이를 번복할만한 사정이 없으므로 위 근저당권의 피담보채권인 금전소비대차계약에 기한 정산금 채권에는 5년의 상사 소멸시효기간이 적용된다고 보아야 하는데도, 이와 달리 본 원심판단에 법리오해 등의 잘못이 있다고 한 사례

【판결요지】

[1] 당사자 쌍방에 대하여 모두 상행위가 되는 행위로 인한 채권뿐만 아니라 당사자 일방에 대하여만 상행위에 해당하는 행위로 인한 채권도 상법 제64조에서 정한 5년의 소멸시효기간이 적용되는 상사채권에 해당하고, 그 상행위에는 상법 제46조 각호에 해당하는 기본적 상행위뿐만 아니라 상인이 영업을 위하여 하는 보조적 상행위도 포함된다. 또한 상법 제5조, 제47조에 의하면, 회사는 상행위를 하지 않더라도 상인으로 보고, 상인이 영업을 위하여 하는 행위는 상행위로 보며, 상인의 행위는 영업을 위하여 하는 것으로 추정된다. 그러므로 회사가 한 행위는 그 영업을 위하여 한 것으로 추정되고, 회사가 그 영업을 위하여 하는 행위는 상행위로 보아야 한다. 이와 같은 추정을 번복하기 위해서는 회사의 행위가 영업을 위하여 한 것이 아니라는 사실을 주장하는 사람이 이를 증명할 책임이 있다.

[2] 甲 주식회사가 도시개발사업의 사업시행대행자 및 시공사로 선정된 乙 주식회사로부터 사업권 일부를 얻을 목적으로 乙 회사의 대표이사 丙에게 위 사업의 사업비로 사용할 금전을 대여하였다가 乙 회사가 부도로 사업에서 배제된 후 파산선고를 받자, 丙 및 乙 회사의 공동대표이사 丁과 위 대여금 채권의 정산에 관한 내용이 포함된 금전소비대차계약을 체결하고, 丙, 丁이 戊 신탁회사에 신탁한 부동산에 관하여 甲 회사 명의의 근저당권설정등기를 마친 사안에서, 甲 회사가 丙, 丁과 금전소비대차계약을 체결한 행위는 영업을 위하여 한 것으로 추정되고, 위 계약이 기존 대여금 채권의 원금과 이자를 확정하고 이를 다시 甲 회사가 丙에게 대여하는 것으로 정하고 있다는 등의 사정만으로는 그러한 추정이 번복된다고 보기 부족하므로, 위 근저당권의 피담보채권인 금전소비대차

계약에 기한 정산금 채권에는 5년의 상사 소멸시효기간이 적용된다고 보아야 하는데도, 금전소비대차계약 체결행위가 영업을 위하여 한 것임을 丁이 증명하여야 한다는 그릇된 전제에서 甲 회사가 상행위 또는 영업으로 금전소비대차계약을 체결하였다고 인정할 증거가 부족하다는 이유로 위 근저당권의 피담보채권은 상사채권이 아닌 민사채권으로서 소멸시효기간이 10년이라고 본 원심판단에 법리오해 등의 잘못이 있다고 한 사례.

구상금[공동불법행위자 중 1인의 보험자가 보험자대위에 따라 취득한 구상금채권을 행사하는 경우 소멸시효기간이 문제된 사건]

[대법원 2024. 9. 27. 선고 2024다249729 판결]

【판시사항】

[1] 공동불법행위자 중 1인의 보험자가 피해자에게 손해배상금을 보험금으로 모두 지급하여 공동불법행위자들의 보험자들이 공동면책된 경우, 손해배상금을 지급한 보험자가 다른 공동불법행위자들의 보험자들이 부담하여야 할 부분에 대하여 직접 구상권을 행사할 수 있는지 여부(적극) 및 이 경우 구상금채권의 소멸시효기간(=5년)

[2] 공동불법행위자 중 1인의 보험자가 피해자에게 손해배상금을 보험금으로 모두 지급함으로써 공동면책된 경우, 피보험자인 공동불법행위자가 다른 공동불법행위자들에 대하여 갖는 구상권을 상법 제724조 제2항에 따라 그들의 보험자들에게 직접 행사할 수 있는지 여부(적극) 및 손해배상금을 지급한 보험자가 상법 제682조의 보험자대위의 법리에 따라 자신의 피보험자가 다른 공동불법행위자들의 보험자들에 대하여 갖는 직접적인 구상권을 취득하여 그 보험자들에게 행사할 수 있는지 여부(적극) / 이같이 보험자대위의 법리에 따라 취득한 구상권의 소멸시효기간(=10년) 및 그 기산점(=구상권자가 현실로 피해자에게 손해배상금을 지급한 때)

[3] 공동불법행위자 중 1인의 보험자가 피해자에게 손해배상금을 보험금으로 모두 지급한 경우, 위 보험자가 갖는 다른 공동불법행위자들의 보험자들에 대한 '구상권'과 상법 제682조에 따라 피보험자의 다른 공동불법행위자들의 보험자들에 대한 구상권을 대위 취득하는 '보험자대위권'이 별개의 권리인지 여부(적극)

[4] 甲이 소유 차량을 운전하여 편도 2차로 도로의 1차로를 따라 주행하던 중 2차로에 주차된 乙 소유 차량의 뒤에서 나오는 보행자를 충격하는 교통사고를 야기하자, 甲 소유 차량 운전자의 보험자인 丙 보험회사가 피해자에게 합의금 및 치료비 명목의 돈을 지급한 다음, 乙 소유 차량 운전자의 보험자인 丁 보험회사를 상대로 乙 소유 차량 운전자의 과실비율에 따른 구상금을 청구하였는데, 丁 회사가 구상금채권 중 일부가 시효로 소멸하였다고 항변한 사안에서, 丙 회사의 청구권은 丙 회사가 상법 제682조의 보험자대위 법리에 따라 취득한 甲 소유 차량 운전자의 丁 회사에 대한 구상권으로서 그 소멸시효 기간이 10년인데도, 이를 甲 소유 차량 운전자의 보험자인 丙 회사의 乙 소유 차량 운전자의 보험자인 丁 회사에 대한 직접적인 구상권으로 오해하여 丙 회사의 구상금채권 중 일부가 5년의 상사시효 경과로 소멸하였다고 본 원심판단에 변론주의 위반 등 잘못이 있다고 한 사례

【판결요지】

[1] 공동불법행위에서 공동불법행위자들과 각각 보험계약을 체결한 보험자들은 그 공동불법행위의 피해자에 대한 관계에서 상법 제724조 제2항에 따른 손해배상채무를 각자 직접 부담하는 것이므로, 공동불법행위자 중의 1인과 보험계약을 체결한 보험자가 피해자에게 손해배상금을 보험금으로 모두 지급함으로써 공동불법행위자들의 보험자들이 공동면책되

었다면, 그 손해배상금을 지급한 보험자는 다른 공동불법행위자들의 보험자들이 부담하여야 할 부분에 대하여 직접 구상권을 행사할 수 있다. 이 경우 그 손해배상금 지급행위는 상인이 영업을 위하여 하는 행위이므로, 그 구상금채권은 보조적 상행위로 인한 채권으로서 그 권리를 행사할 수 있는 때로부터 5년간 행사하지 아니하면 소멸시효가 완성한다.

[2] 공동불법행위자 중 1인의 보험자가 피해자에게 손해배상금을 보험금으로 모두 지급함으로써 공동면책되었다면, 피보험자인 공동불법행위자는 다른 공동불법행위자들을 상대로 그들의 부담 부분에 대하여 구상권을 행사할 수 있을 뿐만 아니라, 상법 제724조 제2항에 따라 다른 공동불법행위자들의 부담 부분에 대한 구상권을 그들의 보험자들에게 직접 행사할 수 있고, 손해배상금을 지급한 보험자는 상법 제682조의 보험자대위의 법리에 따라 자신의 피보험자가 다른 공동불법행위자들의 보험자들에 대하여 갖는 직접적인 구상권을 취득하여 그 보험자들에게 행사할 수 있다. 이같이 보험자대위의 법리에 따라 취득한 피보험자의 다른 공동불법행위자들 및 그들의 보험자들에 대한 구상권의 소멸시효기간은 일반채권과 같이 10년이고, 그 기산점은 구상권이 발생한 시점, 즉 구상권자가 현실로 피해자에게 손해배상금을 지급한 때이다.

[3] 공동불법행위자 중의 1인과 보험계약을 체결한 보험자가 피해자에게 손해배상금을 보험금으로 모두 지급한 경우 다른 공동불법행위자들의 보험자들에 대하여 직접 구상권을 가짐과 동시에 상법 제682조에 따라 피보험자의 다른 공동불법행위자들의 보험자들에 대한 구상권을 대위 취득하게 되나, 이러한 '구상권'과 '보험자대위권'은 내용이 전혀 다른 별개의 권리이다.

[4] 甲이 소유 차량을 운전하여 편도 2차로 도로의 1차로를 따라 주행하던 중 2차로에 주차된 乙 소유 차량의 뒤에서 나오는 보행자를 충격하는 교통사고를 야기하자, 甲 소유 차량 운전자의 보험자인 丙 보험회사가 피해자에게 합의금 및 치료비 명목의 돈을 지급한 다음, 乙 소유 차량 운전자의 보험자인 丁 보험회사를 상대로 乙 소유 차량 운전자의 과실비율에 따른 구상금을 청구하였는데, 丁 회사가 구상금채권 중 일부가 시효로 소멸하였다고 항변한 사안에서, 丙 회사가 청구원인으로 내세우는 청구권은 甲 소유 차량 운전자의 보험자인 丙 회사가 피해자에게 손해배상금을 보험금으로 모두 지급하여 공동면책됨으로써 상법 제682조의 보험자대위 법리에 따라 취득한 甲 소유 차량 운전자의 丁 회사에 대한 구상권으로서 그 소멸시효기간이 10년이고, 丙 회사가 피해자에게 손해배상금을 지급한 때로부터 10년이 지나기 전에 소를 제기하여 위 구상금채권의 소멸시효가 중단되었다고 보아야 하는데도, 丙 회사의 청구권을 甲 소유 차량 운전자의 보험자인 丙 회사의 乙 소유 차량 운전자의 보험자인 丁 회사에 대한 직접적인 구상권으로 오해하여 丙 회사의 구상금채권 중 일부가 5년의 상사시효 경과로 소멸하였다고 본 원심판단에는 변론주의 위반 등 잘못이 있다고 한 사례.

소유권이전등기말소청구등[소유권이전등기청구권의 소멸시효 완성 후 이루어진 소유권이전등기에 대하여 원인무효임을 이유로 말소를 구할 수 있는지 여부가 문제된 사건]

[대법원 2024. 10. 31. 선고 2024다232523 판결]

【판시사항】

[1] 등기가 실체관계에 부합한다고 하는 것의 의미 및 원인 없이 이루어진 무효의 소유권이전등기라고 하더라도 그 등기가 다른 사정에 의하여 실체관계에 부합하게 되면 유효한 것이 되는지 여부(적극)

[2] 소멸시효에서 시효기간 만료의 효과 및 시효의 이익을 받는 자가 소송에서 소멸시효의 주장을 하지 않은 경우, 그 의사에 반하여 재판할 수 있는지 여부(소극) / 소멸시효 완성으로 소유권이전등기청구권이 소멸한 상태에서 소유권이전등기가 이루어졌고 그 시효의 이익을 받는 자가 소송에서 이러한 소멸시효의 주장까지 한 경우, 그 소유권이전등기는 말소되어야 하는지 여부(적극)

【판결요지】

[1] 소유권이전등기절차의 이행을 명하는 판결은 등기신청 의사의 진술을 명하는 것으로서 그 판결이 확정되면 확정 시에 채무자의 의사표시가 있는 것으로 본다(민사집행법 제263조 제1항). 의사표시를 명하는 집행권원의 집행이 채권자의 반대의무와 동시이행관계에 있는 때와 같이 반대의무가 이행된 뒤에 의사를 진술할 것인 경우에는 집행문을 내어준 때에 그 효력이 생긴다(같은 조 제2항).

등기가 실체관계에 부합한다고 하는 것은 그 등기절차에 어떤 하자가 있다고 하더라도 진실한 권리관계와 합치하는 것, 즉 소유권이전에서 등기이전절차만이 위법하고 그 외의 다른 법률행위는 적법·유효한 상태로 소유권이전등기청구권을 가지고 있는 경우를 말하고, 원인 없이 이루어진 무효의 소유권이전등기라고 하더라도 그 등기가 다른 사정에 의하여 실체관계에 부합하게 되면 유효한 것으로 된다.

[2] 소멸시효에서 그 시효기간이 만료되면 소멸시효 중단 등 특별한 사정이 없는 한 권리는 당연히 소멸하는 것이지만 그 시효의 이익을 받는 자가 소송에서 소멸시효의 주장을 하지 아니하면 그 의사에 반하여 재판할 수 없다. 한편 소멸시효 완성으로 소유권이전등기청구권이 소멸한 상태에서 소유권이전등기가 이루어졌고 그 시효의 이익을 받는 자가 소송에서 이러한 소멸시효의 주장까지 하였다면, 그 소유권이전등기는 원인무효의 등기에 해당하므로 말소되어야 한다.

상사채권에 해당하여 소멸시효가 완성되었는지 여부

서울동부지방법원-2019-가단-118358

【요지】

이 사건 대여금반환채권은 상사 소멸시효기간인 5년이 적용되므로 그 대여금반환채권은 소멸되었고 주채무가 이와 같이 소멸된 이상 원고의 위 대여금반환채권을 보증한 보증채무 역시 부종성에 따라 소멸되었으므로 대한민국은 위 근저당설정등기의 말소등기에 대하여 승낙의 의사표시를 할 의무가 있음

【주 문】

1. 원고에게,

  가. 피고 BBBBB 주식회사는 OO시 OO면 OO리 xxx-x 대 xxxm²에 관하여 OO지방법원 OO등기소 2013. 3. 26. 접수 제xxxxx호로 마친 근저당권설정등기의말소등기절차를 이행하고,

  나. 피고 CCCCCCC 주식회사, DDD, 대한민국은 위 근저당권설정등기의 말소등기에 대하여 각 승낙의 의사표시를 하라.

2. 소송비용은 피고들이 부담한다.

【청구취지】

주문과 같다.

【이 유】

1. 기초사실

  가. 피고 BBBBB 주식회사(이하 '피고 BBBBB'라 한다)는 2013. 3. 22. 주식회사 OOOOOO(이하 'OOOOOO'이라 한다)이 시공하는 OO시 OO아파트 재건축공사에서 목, 수장 공사를 하도급을 받기 위하여 OOOOOO의 현장대리인 ZZZ와 사이에 가계약서(이하 '이 사건 가계약서'라 한다)를 작성하면서 ZZZ에게 업무추진비 명목으로 x,xxx만 원을 ZZZ에게 업무추진비 명목으로 변제기를 2013. 7. 31.로 정하여 대여하는 금전소비대차계약을 체결하였는데, 이 사건 가계약서의 내용은 다음과 같다.

  나. 피고 BBBBB는 이 사건 가계약서 작성 당일인 2013. 3. 22. 위 금전소비대차 계약에 따라 ZZZ에게 업무추진비 명목으로 500만 원을 대여하면서 그 돈을 원고의 계계좌로 송금하였다.

  다. 원고는 ZZZ의 위 대여금 반환채무를 보증하면서 자신의 부동산인 OO시 OO면 OO리 xxx-x 대 xxxm²(이하 '이 사건 부동산'이라 한다)에 관하여 OO지방법원 OO등기소 2013. 3. 26. 접수 제xxxxx호로 2013. 3. 22. 설정계약을 원인으로 채권최고액 x,xxx만 원, 채무자 원고, 근저당권자 피고 BBBBB로 하는 근저당권설정등기를마쳐주었다(이하 '이 사건 근저당권'이라 한다).

  라. 그러나 피고 BBBBB는 2013. 3. 27. 17시까지 나머지 x,xxx만 원을 추가로 대여하지 아니하였다.

마. 한편, 피고 BBBBB의 이 사건 근저당권에 관하여 피고 CCCCCCC 주식회사는 OO지
방법원 O등기소 2014. 10. 21. 접수 제xxxxx호로, 피고 DDD은 같은 등기소
2014. 10. 21. 접수 제xxxxx호로, 피고 대한민국은 같은 등기소 2019. 2. 28. 제
xxxx호로 각 압류 등기를 마쳤다.

[인정 근거] 다툼 없는 사실, 갑 1, 3, 4호증의 각 기재, 변론 전체의 취지

2. 청구원인에 대한 판단

가. 당사자 쌍방에 대하여 모두 상행위가 되는 행위로 인한 채권뿐만 아니라 당사자일방
에 대하여만 상행위에 해당하는 행위로 인한 채권도 상법 제64조가 정한 5년의 소멸
시효기간이 적용되는 상사채권에 해당한다. 그리고 상행위로부터 생긴 채권뿐 아니라
이에 준하는 채권에도 상법 제64조가 적용되거나 유추적용된다(대법원 2012. 5. 10.
선고 2011다109500 판결, 대법원 2015. 4. 9. 선고 2014다44659 판결 등 참조).

나. 살피건대, 앞서 본 기초사실과 증거들에 의하면, 피고 BBBBB는 실내건축 공사 등을
영위하는 회사로서 하도급을 받기 위해 OOOOOO의 현장대리인 ZZZ에게 금전을 대
여하는 소비대차계약을 체결하는 것은 상행위에 해당하여 ZZZ의 피고 BBBBB에 대
한 대여금 반환채무는 상사 소멸시효기간인 5년이 적용되는 점, 위 금전금전소비대차
계약 체결 당시 변제기를 2013. 7. 31.로 정하였으므로 적어도 그로부터 5년이 경과
한 때에 ZZZ의 피고 BBBBB에 대한 대여금 반환채무는 소멸시효 완성으로 소멸된
점, 주채무가 이와 같이 소멸시효 완성으로 소멸된 이상 ZZZ의 피고 BBBBB에 대한
대여금 반환채무를 보증한 원고의 보증채무 역시 부종성에 따라 소멸된 점 등이 인정
되는바, 이에 의하면 이 사건 근저당권의 피담보채권인 피고 BBBBB의 원고에 대한
보증채권은 시효로 소멸되었다.

다. 따라서 피고 BBBBB는 원고에게 이 사건 부동산에 관하여 OO지방법원 OO등기소
2013. 3. 26. 접수 제xxxxx호로 마친 근저당권설정등기의 말소등기절차를 이행하고,
피고 CCCCCCC 주식회사, DDD, 대한민국은 위 근저당권설정등기의 말소등기에 대
하여 각 승낙의 의사표시를 할 의무가 있다.

3. 피고 대한민국의 주장 및 판단

가. 주장

피고 대한민국은 피고 BBBBB가 대여금 x,xxx만 원 중 나머지 x,xxx만 원을 추가로
대여하지 않아 이 사건 가계약서가 자동으로 폐기됨에 따라 ZZZ가 피고 BBBBB로부
터 수취한 xxx만 원의 대여금 반환채무가 소멸시효 10년인 부당이득 반환채무로 변
경되었다고 주장한다.

나. 판단

살피건대, 앞서 본 바와 같이 이 사건 가계약서에는 'OO아파트주택 재건축 정비사업
공사를 아래와 같이 가계약을 체결하고 이를 증명하기 위하여 가계약서를 작성한다'는
취지가 명확히 기재되어 있는바, 위 가계약서는 피고 BBBBB가 OOOOOO로부터
OO시 OO아파트 재개발 공사 중 목, 수장 공사를 도급을 받는 것에 대하여가계약을

체결하기 위하여 작성된 것인 점, 피고 BBBBB가 ZZZ에게 업무추진비를 대여하면서 체결한 금전소비대차계약은 도급에 관한 가계약의 조건이기는 하나 도급 가계약과는 요건과 내용 및 효력이 구분되는 별개의 법률행위인 점, 따라서 이 사건 가계약서 기 재된 바와 같이 '2013. 3. 27. 17시까지 대여금 전액이 입금되지 아니하면 가계약서 가 자동으로 폐기된다'는 것은 도급에 관한 가계약의 효력이 자동으로 상실된다는 것 이지 피고 BBBBB와 ZZZ사이의 금전소비대차계약까지 자동으로 효력이 상실된다고 볼 수는 없는 점 등에 비추어 보면, 이 사건 가계약의 효력이 상실되었다 하더라도 피고 대한민국의 주장과 같이 ZZZ의 대여금 반환채무가 자동으로 부당이득 반환채무 로 변경되었다고 볼 수는 없으므로, 이와 다른 전제에 선 피고 대한민국의 주장은 이 유 없다.

4. 결론

그렇다면 원고의 이 사건 청구는 이유 있으므로 이를 인용하기로 하여 주문과 같이판결 한다.

소멸시효가 완성된 민사채권에 대한 근정당권은 말소되어야함

성남지원-2022-가합-406890

【요지】

피고의 피담보채권은 민법 제162조에 따라 민사채권의 소멸시효 기간인 10년이 경과하여 소멸시효가 완성되었으므로 이 사건 부동산에 설정된 피고의 근저당권은 말소되어야함

【주문】

1. 피고는 노OO에게 별지1 목록 기재 각 부동산에 관하여 수원지방법원 성남지원 광주등기소 2012. 9. 4. 접수 제582XX호로 마친 근저당권설정등기의 말소등기절차를 이행하라.

2. 소송비용은 피고가 부담한다.

【청구취지】

주문과 같다.

【이유】

1. 청구의 표시

   별지2 '청구원인' 기재와 같다.

2. 적용법조

   민사소송법 제208조 제3항 제1호, 제257조(무변론 판결)

【청구원인】

1. 당사자의 관계

   원고는 소외 노OO에게 국세채권이 있는 자로 원고 산하 경기광주세무서장을 통하여 별지목록 기재 부동산을 압류(이하 '이 사건 부동산')를 하였으며, 피고 양OO은 소외 노OO 소유 이 사건 부동산을 담보로 근저당권을 설정 받은 근저당권자이고, 소제기일 현재 소외 노OO의 국세체납액은 〈표1〉과 같습니다. (갑 제1호증 체납유무조회)

2. 채권자 대위권에 의한 근저당권 설정등기 말소 청구

   가. 소외 노OO와 피고 양OO 사이의 근저당권 설정

   소외 노OO는 별지목록 기재 부동산에 관하여 20XX. 09. 04. 피고 양OO과 채무자 소외 노OO 채권최고액 금 2,205,000,000원으로 하는 근저당권설정계약을 체결한 후 20XX. 09. 04. 수원지방법원 성남지원 광주등기소 접수 제582XX호로 근저당권(이하 '이 사건 근저당권' 이라 합니다)설정등기를 마쳤습니다.(갑 제2호증 부동산등기사항증명서1)

   나. 피담보채권의 소멸시효 완성

   이 사건 근저당권은 소외 노OO의 피고 양OO에 대한 채무를 담보하기 위하여 20XX. 09. 04. 설정된 것이므로, 적어도 피고 양OO의 소외 노OO에 대한 채권은 위 날짜보다 먼저 성립하였다고 볼 수 있습니다.

그렇다면 2021년XX월 현재 피고의 피담보채권은 민법 제162조에 따라 민사채권의 소멸시효 기간인 10년이 경과하여 소멸시효가 완성하였다고 할 것이므로 이 사건 부동산에 설정된 피고의 근저당권은 말소되어야 할 것입니다.

다. 소외 노OO의 무자력 및 권리 불행사

소 제기일 현재 소외 노OO의 적극재산은 아래 〈표2〉와 같이 4978,136,450원이고, 소극재산은 조세채권 1,867,745,020dnjs 지방세 체납 2308,927,920원원 근저당 채무 7,420,000,000원 합 9,946,672,940원으로 채무초과 상태에 있습니다. 또한, 이 사건 근저당권에 대한 피고의 근저당권은 소멸시효가 완성되어 말소되어야 할 것인데도, 이 사건 부동산의 소유자인 소외 노OO는 이에 관한 말소등기청구권을 전혀 행사하지 아니하고 있습니다.

3. 결론

따라서 원고는 소외 노OO의 채권자로서 채권자 대위권에 기하여 청구취지와 같이 소멸시효 완성을 원인으로 이 사건 근저당권 말소를 하고자 이 사건 소송 제기에 이르렀습니다.

10년이 경과한 전세권은 소멸되었다고 보아지며, 전세권 소멸 후 10년이 경과한 전세금반환채권 또한 소멸됨

서울남부지방법원-2019-가단-209745

【요지】

10년이 경과한 전세권은 소멸되었다고 보아지며, 전세금반환채권 또한 전세권 소멸 후 10년이 경과하여 소멸되었다고 보아지므로 전세권설정등기는 해제하는 것이 타당함

【주문】

1. 피고는 원고에게 별지 목록 기재 부동산에 관하여 서울남부지방법원 1995. 8. 14.접수 제69011호로 마친 전세권설정등기의 말소등기절차를 이행하라.

2. 소송비용은 피고가 부담한다.

【청구취지】

주문과 같다.

【이유】

1. 기초사실

가. 원고는 2015. 11. 19. 공매절차에서 별지 목록 기재 부동산(이하 '이 사건 건물'이라 한다)의 소유권을 취득하여 2015. 12. 21. 소유권이전등기를 마친 이 사건 건물의 소유자이다.

나. 망 ○○○(2008. 4. 7. 사망, 이하 '망인'이라 한다)은 이 사건 건물에 관하여 1995. 4. 10.자 계약을 원인으로 서울남부지방법원 1995. 8. 14. 접수 제69011호로 '전세금 4,000만 원, 존속기간 1997. 4. 28.까지, 범위 이 사건 건물 지층(103호) 서남쪽 18.87㎡ 전부'로 하는 전세권설정등기(이하 '이 사건 전세권등기'라 한다)를 마쳤다.

다. 피고는 이 사건 전세권등기에 관하여 상속인이 없는 재산의 국가 귀속을 원인으로 2019. 7. 10. 전세권자 변경의 부기등기를 마쳤다.

[인정근거] 다툼 없는 사실, 갑 제1호증, 갑 제2호증의 1 내지 4, 을 제1호증의 2의 각 기재, 변론 전체의 취지

2. 당사자들의 주장 및 판단

가. 원고의 주장 요지

이 사건 건물 중 103호(이하 '이 사건 103호'라 한다)는 임차인 CCC가 1995. 5.31. 임대차계약을 체결하고 1995. 6. 6.부터 거주하던 곳으로, 망인은 이 사건 103호에 관하여 전 소유자인 BBB와 사이에 전세권설정계약을 체결한 바 없는 허위의 전세권자이므로, 이 사건 전세권등기는 무효의 등기이다.

설령 망인이 허위의 전세권자가 아니라고 하더라도, CCC가 1995. 6. 6.부터 103호에서 거주하기 시작함으로써 망인은 103호에 대한 점유를 상실하였다고 할 것이므로, 그 무렵부터 망인의 BBB에 대한 전세금반환채권의 소멸시효가 진행하므로, 망인의 BBB 또는 원고에 대한 전세금반환채권은 시효로 소멸하였다. 따라서 피고는 이 사건

전세권등기를 말소할 의무가 있다.

나. 피고의 주장 요지

전세권설정등기는 전세금의 우선변제를 담보하기 위한 것인데, BBB이나 원고가 망인에게 전세금을 반환하지 않았으므로, 이 사건 전세권등기를 말소하라는 원고의 청구는 부당하다.

다. 판단

(1) 망인이 허위의 전세권자로서 이 사건 전세권등기가 무효인지 여부에 관하여 보건대, 원고가 제출한 증거만으로는 망인이 이 사건 103호의 전 소유자인 BBB과 사이에 실제 전세권설정계약을 체결하지 않은 허위의 전세권자라는 사실을 인정하기에 부족하고 달리 이를 인정할 만한 증거가 없으므로, 원고의 이 부분 주장은 받아들이지 않는다.

(2) 다음으로 망인의 BBB 또는 원고에 대한 전세금반환채권이 시효로 소멸하였다는 주장에 관하여 본다.

전세권설정등기를 마친 민법상의 전세권은 그 성질상 용익물권적 성격과 담보물권적 성격을 겸비한 것으로서, 전세권의 존속기간이 만료되면 전세권의 용익물권적 권능은 전세권설정등기의 말소 없이도 당연히 소멸하고 단지 전세금반환채권을 담보하는 담보물권적 권능의 효력만 존속한다(대법원 2005. 3. 25. 선고 2003다35659 판결 등 참조).

앞서 본 증거들 및 갑 제3호증의 기재에 변론 전체의 취지를 종합하여 알 수 있는 다음과 같은 사정들, 즉 이 사건 전세계약은 1995. 4. 10.자로 이루어졌고, 이 사건 전세권의 존속기간은 1997. 4. 28.까지인 점, 민법 제31조 제1항은 전세권의 존속기간은 10년을 넘지 못한다고 규정하고 있으므로, 이 사건 전세계약이 묵시적으로 갱신되어 왔다고 하더라도 2005. 4. 27.에는 이 사건 전세계약이 종료되었다고 보아야 하는 점, CCC는 이 사건 건물의 공매절차에서 이 사건 103호의 임차인으로서 매각대금을 배분받은 점 등에 비추어 보면, 망인의 이 사건 전세계약에 따른 전세금반환채권은 2005. 4. 28.부터 10년이 경과한 2015. 4. 28.에는 소멸시효가 완성되어 소멸하였다고 할 것이므로, 피고는 원고에게 이 사건 전세권등기를 말소할 의무가 있다.

3. 결론

그렇다면 원고의 이 사건 청구는 이유 있으므로 이를 인용하기로 하여, 주문과 같이 판결한다.

▣ 편 저 대한법률콘텐츠연구회 ▣

(연구회 발행도서)

- 지급명령 이의신청서 답변서 작성방법
- 새로운 고소장 작성방법 고소하는 방법
- 민사소송 준비서면 작성방법
- 형사사건 탄원서 작성 방법
- 형사사건 양형자료 반성문 작성방법
- 공소장 공소사실 의견서 작성방법
- 불기소처분 고등법원 재정신청서 작성방법
- 불 송치 결정 이의신청서 재수사요청

소멸시효 완성채권 갚지 않아도 되는 돈 혼자서 해결하는 방법
대출금·카드대금 소멸시효 안 갚아도 되는 방법

2025년 04월 15일 초판 인쇄
2025년 04월 20일 초판 발행

편 저 대한법률콘텐츠연구회
발행인 김현호
발행처 법문북스
공급처 법률미디어

주소 서울 구로구 경인로 54길4(구로동 636-62)
전화 02)2636-2911~2, 팩스 02)2636-3012
홈페이지 www.lawb.co.kr

홈페이지 www.lawb.co.kr
페이스북 www.facebook.com/bummun3011
인스타그램 www.instagram.com/bummun3011
네이버 블로그 blog.naver.com/bubmunk

등록일자 1979년 8월 27일
등록번호 제5-22호

ISBN 979-11-94820-07-9 (13360)

정가 28,000원

▮역자와의 협약으로 인지는 생략합니다.
▮파본은 교환해 드립니다.
▮이 책의 내용을 무단으로 전재 또는 복제할 경우 저작권법 제136조에 의해 5년 이하의 징역 또는
  5,000만원 이하의 벌금에 처하거나 이를 병과할 수 있습니다.

이 도서의 국립중앙도서관 출판예정도서목록(CIP)은 서지정보유통지원시스템 홈페이지(http://seoji.nl.go.kr)와 국가
자료종합목록 구축시스템(http://kolis-net.nl.go.kr)에서 이용하실 수 있습니다.

법률서적 명리학서적 외국어서적 서예 · 한방서적 등
최고의 인터넷 서점으로
각종 명품서적만을 제공합니다

각종 명품서적과 신간서적도 보시고

법률 · 한방 · 서예 등 정보도

얻으실 수 있는

핵심법률서적 종합 사이트
www.lawb.co.kr
(모든 신간서적 특별공급)

facebook.com/bummun3011
instagram.com/bummun3011
blog.naver.com/bubmunk

대표전화 (02) 2636 - 2911